さゆり工房 SAYURI

はじめに

暮らしの中に手作りの小物を配置することによって、どんどん運が良くなっていく……。
そんな開運が期待できる小物たちを作りませんか？

本書では、金運から恋愛運、健康運、仕事運、人気運、家族運、そして魔除け・厄除けと、
7つのカテゴリーに分けて、それぞれの運が良くなるような40作品を用意しました。

ほとんどの小物には、動物をアレンジしています。
それは、それぞれの動物に神秘的なパワーがあるからです。古代から伝わる神話や、縁起、
由来などを詳しく調べ、小物を作るときにパワーが宿るように、作品に盛り込んでいます。

例えば、日本には干支という考え方があり、自分を守る動物がいます。開運動物小物も同
じような考え方で制作しています。
神秘の動物パワーが、きっとあなたを守り、運をどんどん良くしていくでしょう。

開運小物は毎日身に着けたり、触ったり、見るだけでも効果があり、家の中をまるごとパワー
スポットにすることもできます。

本書では、玄関や部屋の入り口などに飾るウエルカムボード、身に着けるアクセサリーと
してピアス、ブレスレット、さらにはティッシュケースといった身近なアイテムをたくさ
んご紹介しました。

お金に縁がなかった人が思いがけないところから舞い込むようになったり、恋人のいない
人が素敵なご縁に恵まれたり、身体も心もどんどん健康になったり、夢をかなえることが
できるでしょう。

ぜひ親子、ご家族、友人など、皆さんで作ってみてくださいね。親子の素敵な時間がいっ
そうの幸せを運び、開運につながっていくでしょう。
動物に込められているパワーを信じ、ひと手間ひと手間に心を込めて作り、楽しんでいた
だければ幸いです。

もくじ

はじめに………………………………………… 3

第1章　金運アップ（臨時収入、ボーナス、宝くじ）

月まで届け！ ジャンピング・ラビット…… 8
参考作品

金運招く壁掛けプレート………………………… 10
作り方／64

マカロンコインケース…………………………… 11
作り方／66

ゴールドラッシュ・ストラップ………………… 12
参考作品

幸せパンパン貝殻ポーチ………………………… 13
参考作品

幸運の女神を呼び込むウエルカムボード…… 14
作り方／68

第2章　恋愛運アップ（出会い、モテ期到来）

心弾むポンポン人形……………………………… 16
作り方／70

きらめきハートピアス…………………………… 18
作り方／73

黒猫のパックンポーチ…………………………… 19
作り方／74

甘ーいスイーツデコ・ペン……………………… 20
参考作品

出会いを呼ぶラブラブ・プレート……………… 21
　参考作品

秘密のナプキンケース……………………… 22
　参考作品

第3章　健康運アップ（無病息災、交通安全、長寿）

心すっきりタオル掛け……………………… 24
　作り方／76

ちり取りお掃除セット……………………… 26
　作り方／79

トイレの神様もにっこりプレート…………… 28
　参考作品

スポーツ大好き髪留めアクセサリー………… 29
　参考作品

ポカポカ冷え取りマフラー………………… 30
　作り方／82

第4章　仕事運アップ（就職、転職、出世、勝負運、勉強運）

バラのステンドグラスで気分一新…………… 32
　作り方／84

成功の鍵を握るキーケース………………… 33
　作り方／86

スイーツデコミラー………………………… 34
　作り方／88

お客さんがどんどんやってくる行列看板…… 36
　参考作品

キラキラ輝く星のストラップ……………… 37
参考作品

仕事がはかどるウッド・カレンダー………… 38
参考作品

第5章　人気運アップ（良縁、人脈、援助）

アイドル猫のキーホルダー………………… 40
作り方／89

自信がわくわくヒツジの写真掛け………… 41
作り方／90

おしゃれカフェカーテン…………………… 42
作り方／92

フレーフレー応援フラッグ………………… 44
参考作品

友達がどんどんやってくる腰掛け看板娘…… 45
参考作品

ファンを引き寄せるにゃんこマグネット…… 46
参考作品

第6章　家族運アップ（子宝、安産、夫婦円満）

笑顔がこぼれるキーフック………………… 48
作り方／94

家を守る飛翔ツバメストラップ……………… 50
参考作品

親子で使うダブル・ティッシュケース………　51
作り方／97

家族が集まる幸せのドールハウス…………　52
参考作品

ホヌのエプロン……………………………　54
作り方／100

第7章　魔除け・厄除け（トラブル回避、目標達成）

いい夢だけ見たい！ ドリームタペストリー　56
参考作品

悪運退散パワーストーン・ブレスレット……　58
参考作品

トラブルを追い払う鈴のキーホルダー………　59
作り方／102

邪気除けテーブルクロス……………………　60
参考作品

ウサギのガーデンピック……………………　61
作り方／103

クマが見守るペーパーホルダー………………　62
作り方／105

Column
1　私のアイデアは生活の中から生まれる／15
2　お金では買えない思い出を作る／23
3　グルーガンは最強の便利グッズ／31
4　簡単おもしろレジンに挑戦！／39
5　ぬくもり抜群、木製品の効用／47
6　ハンドメイドマーケットに参加してみよう！／55

第 1 章 金運アップ

臨時収入、ボーナス、宝くじ

月まで届け！
ジャンピング・ラビット

　ウサギのイメージはジャンプ、つまり跳躍です。そのジャンプは月まで届きます。ふだん手が届かない金運を、跳び上がってつかみ取るシンボルがウサギなのです。

　空に金色に輝いているお月さままで、唯一、跳んでいけそうな動物です。

　この本の中で一番工程が多い参考作品ですが、他の作品の作り方を見て挑戦してみませんか？　一つひとつ自由に楽しんで作ってくださいね。

難易度 ★★★
制作時間 2〜3日
○参考作品

運気アップの使い方

玄関は外から金運が入ってくる場所です。
そこにウサギを置くことで、あなたの金運はどんどん良くなります。
毎日出入りするたびに必ず目に留めると、ウサギはあなたと心が通じてしっかり見守ってくれます。

金運アップ

金運招く壁掛けプレート

　黄金色に実る麦・稲穂は古来より豊かさをもたらす富の象徴としてあがめられてきました。上へ上へと向かう稲穂の形は元気の源、幸せへのステップです。

　この作品は、グルーガンで稲穂をゴージャスに取り付けるのがポイントです。

運気アップの使い方
金運をつかさどる西側の部屋、仕事場などに飾ると効果的です。

- 難易度　★
- 制作時間　2〜3日（乾燥込み）
- 作り方　64-65ページ

マカロンコインケース

　みんなの大好きなスイーツ・マカロンでお金が増えていく魔法を体験しましょう。

　マカロンケースには子鹿の絵柄を選びました。鹿は、おとなしくかわいいイメージがありますが、太古の昔から『神の使い』として注目されてきたラッキーアニマル。風水の観点では『財運を招く』といわれています。

金運アップ

難易度	★★
制作時間	40分〜1時間（プラス乾燥に半日）
作り方	66-67ページ

運気アップの使い方

毎日使うバッグの中にそっと忍ばせておいてください。もし、お財布にコインがなくても大丈夫。かわいいマカロンケースの中にコインがありますから。車の中に置いておくのも良い方法。不安解消にも役立ってくれます。

11

ゴールドラッシュ・ストラップ

　金運をアップさせたいと願う人にとってゴールドは欠かせない存在。世界中で人気があります。インドでは子どもたちが将来お金に困らないように、幼い頃から金を身に着ける習慣があるほどです。
　ゴールドは強いエネルギーを持ち、そのエネルギーをため込む力も持っています。金運アップが運気アップにもつながります。

運気アップの使い方

バッグ、お財布、鍵など、いつも身のまわりのものに付けてください。なんとなく豊かな気分になれるから不思議です。

- 難易度　★
- 制作時間　1時間
- ○参考作品

幸せパンパン貝殻ポーチ

金運アップ

昔、貝殻がお金として使われていた時代がありました。財産、貨幣、貯金、資本など、お金に関係することには貝の字が入っていることからも、貝殻は大事なものだと分かりますね。風水では、貝殻は金運をアップさせてくれるアイテムといわれています。

貝殻の形のポーチ、出来上がったら何を入れるか考えるのも楽しいですね。夢や秘密も一緒に入れてみてはいかがですか？

難易度　★
制作時間　1時間
○参考作品

運気アップの使い方

いつも使っているもの、化粧品、お薬、手帳、キャンディーなどお気に入りのものをなんでも詰め込んで持ち歩きましょう。ポーチが膨らむごとに幸せもパンパンに膨らんでいくでしょう。

幸運の女神を呼び込む
ウエルカムボード

　ウサギは飛躍のイメージがあり、幸せのシンボルです。

　お月さまとも深い関わりがあるので、月の女神さまにも願いを込めてウサギが歓迎するボードを作ってみましょう。きっとあなたの願望をかなえてくれます。

難易度	★★
制作時間	2〜3日（乾燥込み）
作り方	68-69ページ

運気アップの使い方

出来上がったプレートは、玄関の扉や自分の部屋の扉などに取り付けてください。扉を開けるとき、良い気が流れます。

私のアイデアは生活の中から生まれる

　私は毎日、煩雑な家事をこなしている中で、どうしたらもっと楽しく作業ができるかな？　いまよりもっと便利に使えるものがないかな？　などと、いつも思い巡らせています。

　例えば、テーブルにパンくずが散らかったとき、机の上に消しゴムのかすがたまったとき、わざわざ重い掃除機を持ち出すのは面倒です。こんなとき、さっと使えるお掃除セットがあるといいなあ……小さくて、軽くて、しかもふだんはインテリアとして飾っておける……こうして生まれたのが「ちり取りお掃除セット」です（26-27ページ）。

　また、ティッシュケースも風邪引きや花粉症、テーブルをさっと拭くときなど、1つしか入らないのでは用をなさない。そこで生まれたのが「親子で使うダブル・ティッシュケース」（51ページ）。折り紙をベースにして、ひと工夫の折り方で2つ入るようになり、日常生活でとても使いやすく便利になりました。

　このように、「生活の中のニーズ、便利でかわいい！」が私の創作モチベーションといえます。

第 2 章 恋愛運アップ

出会い、モテ期到来

心弾むポンポン人形

　英語のベア（bear）には産む、支えることができるという意味があります。ウエディングベアは、ともに喜び、悲しみを分け合って幸せをつかもうという証しで、とても人気がありますね。

　アヒルは内なる感情の成長期を表し、大空へ羽ばたくという意味があります。

　そんな幸運のシンボルのクマとアヒルを組み合わせてポンポンで表現してみました。

- 難易度　★★★
- 制作時間　1日
- 作り方　70-72 ページ

運気アップの使い方
玄関の棚に飾ったり、子ども部屋の勉強机の上に置いたりするといいでしょう。見ているだけで心弾み、癒やされます。

恋愛運アップ

きらめきハートピアス

　ハートはあなたの心そのもの。優しさを込めてピアスを作りましょう。ゆらゆら揺れてきらめくピアスが、あなたの秘めた思いを周りに伝えるかもしれません。

　タッセル（房）は、末広がりで吉の意味があり、邪気からあなたを守ってくれます。

運気アップの使い方
ハートピアスは勝負したい日や、身に着けたい！と感じる日に付けてください。

難易度　★
制作時間　20分
作り方　73ページ

黒猫のパックンポーチ

女子の必須アイテムといえば、化粧ポーチ。パックンポーチならスピーディーに必要なものが取り出せて、かわいく変身できます。

黒猫は、大昔から幸福を招いてくれる存在、魔除けの力も持っています。

恋愛運アップ

難易度 ★
制作時間 1時間
作り方 74-75ページ

運気アップの使い方
いつも持ち歩くバッグの中に入れてください。

甘ーいスイーツデコ・ペン

　スイーツは女の子の必須アイテムです。甘〜い恋をしたいと思ったら、お守り代わりにこのスイーツデコ・ペンを作って、バッグに入れて持ち歩きましょう。

　クリーム状のコーキング剤（シリコン）にドロップやチョコのトッピング（全てプラスチックです）をどんどん貼り付けてみてください。

　もちろん、お花やハートもお薦めですよ。恋愛をつかさどるてんとう虫、蝶々、ミツバチなどが甘い香りに誘われて集まってくるでしょう！

　イルカも愛を運ぶシンボル、願いを込めて、モチーフとして加えてみてくださいね。

運気アップの使い方

スイーツデコ・ペンでラブレターを書いてみませんか？　LINEやメールではなく、ぜひ手書きで。きっと気持ちが伝わると思います。

このペンを仕事のときにも使ってみてください。

気分がわくわくして、そのハッピーオーラが自然に異性を引き寄せることでしょう。

難易度 ★
制作時間 40分
○参考作品

出会いを呼ぶ
ラブラブ・プレート

恋愛運アップ

あなたが好きな彼はどんなタイプですか？　好きな彼のことを考えながら作ってみましょう。まだ好きな彼と出会っていない人は、自分の理想の人をイメージして、男の子の顔を描いてください。

優しい気持ちを込めて作ることができれば、恋愛運が高まります。出来上がったハートプレートを眺めていると、突然、彼から連絡が入ってくるかもしれません。てんとう虫も応援してくれるはずです。

難易度　★★★
制作時間　1日
○参考作品

運気アップの使い方
出来上がったプレートは、自分の部屋の扉やベッドのそばなど、よく見る場所に付けましょう。

秘密のナプキンケース

多くの人がブルーな気分になる女の子の日。誰にも知られず気分爽快にしてくれるのがこのナプキンケース。

秘密はウサギと子猫にあります。

元気印のウサギと子猫を見れば、ブルーな日もラッキーな日にチェンジできるでしょう。

難易度 ★★★
制作時間 1日
○参考作品

運気アップの使い方

月に一度の女の子の大切な日、このナプキンケースの出番です。薄型でコンパクトなのに普通のナプキンが3個入ります。種類の多いメイク道具入れに使うのも便利で良いですね。

お金では買えない思い出を作る

　私の祖母は和服の仕立ての仕事をしていました。母はいつもミシンを踏み、父は犬小屋を手作りするなど、物心がついたときには、家族は皆手を動かしていました。振り返ると、私の幼い頃の思い出は、全て手作り作品の中にありました。

　幼稚園に通っていた頃、祖母に折り紙や切り絵を教わりました。また、貝殻を合わせて根付けを作ったことも記憶に鮮明です。いまの私は、その楽しい時間が原点となっています。

　市販の出来上がった物だけを見ていると、完成までの工程が想像できませんが、手作りをしていると、どんな物にもたくさんの手が掛かったことが分かり、物を大切にする心が育まれます。そして、手作りはゼロから形にしていく作業なので、創意工夫から創造性も高まります。

　また、家族と一緒に作った時間は、温かな思い出として一生心に残ります。どんなにお金を出しても手に入れることができない、かけがえのない作品となるでしょう。

第 3 章　健康運アップ

無病息災、交通安全、長寿

心すっきりタオル掛け

ウサギはピョンピョンと跳躍する生き物で、上昇のシンボルです。
手を洗い、顔を洗い、気分をすっきりチェンジアップしましょう。
また、手作りの親子のウサギから、ほのぼのとした愛情が伝わってくるはずです。

- 難易度　★★★
- 制作時間　1～2日
- 出来上がり寸法　43cm
- 作り方　76-78ページ

健康運アップ

運気アップの使い方
洗面所まわりで目が留まる、やや高い位置に付けると良いでしょう。

ちり取りお掃除セット

　ちりやごみは健康を損ね、運気を下げる元凶。
　テーブルのパンくずや机の上の消しゴムのかすなど、このお掃除セットがあれば大丈夫！　あっという間にきれいに片付けられます。窓やベランダの桟の掃き出しにも便利です。

- 難易度　★★
- 制作時間　1～2日
- 作り方　79-81ページ

健康運アップ

運気アップの使い方

リビングや机まわりに置いて、散らかったと思ったら、すぐに取り出してきれいにしましょう。さりげないインテリアとして置くのもグッドアイデア！

トイレの神様も
にっこりプレート

　ウサギは縁結び、社交の象徴といわれています。寂しがりなので、人を惹き付ける力も持っています。そんなウサギが突然の来客にも分かりやすく、トイレの場所を教えてくれます。

　愛嬌たっぷりの顔はひと目見たら、誰もが笑顔になります。木のぬくもり、手作りの優しさがお客さんの気持ちを温めてくれるでしょう。

難易度　★★
制作時間　1日
○参考作品

運気アップの使い方

トイレの扉、目線より少し高い位置に付けましょう。扉に穴を開けたくない方は、両面フックなどを利用するといいでしょう。

スポーツ大好き
髪留めアクセサリー

髪留めの中に、宇宙の夢と運をつかさどるユニコーンとLOVEのパーツを入れてみました。ユニコーンは女性性エネルギーの象徴といわれているアニマルです。

自分だけのオリジナル髪留めを着ければ、心弾んでスポーツもいっそう楽しくなりそうです。

健康運アップ

- 難易度 ★
- 制作時間 1時間半
- ○参考作品

運気アップの使い方

ここぞ！という試合のとき、また気分が落ち着かず集中力に欠けるときに、威力を発揮してくれます。

ポカポカ冷え取りマフラー

　首や喉は多くの血管や神経が集中しており、私たちの健康をコントロールする司令塔になっています。手作りマフラーでしっかり保護すればひと安心、心もポカポカになります。

- 難易度　★★
- 制作時間　3時間
- 作り方　82-83ページ

運気アップの使い方

寒い日や喉の調子が悪いときなど、この手作りマフラーを首に巻けば風邪対策にもなります。

グルーガンは最強の便利グッズ

　本書にたびたび登場するのがグルーガンですが、これは「スティック状の樹脂を熱で溶かして、木材や布を接着させる道具」で、実に便利なものです。瞬間接着剤よりも強度があり、乾燥も早く、思い通りの場所に、瞬時に接着できるのが魅力です。

　ドライフラワーをグルーガンでリースに付けたり、ネジの補強に使ったり、創作の場が広がります。

＜グルーガンをうまく使うコツ＞

○接着する材料の表面をきれいに拭き取ってから使う。材料が大きい場合は接着剤をたっぷり付けておく。接着するまでしっかり押し続け固定するのがポイント。

○ジェルを出したあと、糸を引いて困るときは、グルーガンをくるくる回転させると糸が切れる。

　また、グルーガンは簡単でお子さんにも扱いやすいですが、熱を発しますので、必ず保護者の立ち会いのもと、くれぐれもやけどに気を付けてくださいね。

第 4 章 仕事運アップ

就職、転職、出世、勝負運、勉強運

バラのステンドグラスで気分一新

ステンドグラスといえば思い出すのは教会の窓。窓越しに差し込む光のグラデーションは、神からのメッセージともいわれます。眺めているだけで気持ちが落ち着き、素直な自分を取り戻せるでしょう。気分をリフレッシュすれば、新たなチャレンジ精神が湧きそうです。

このステンドグラスはガラスを使わないので、小さいお子さんがいる家庭でも安心です。

- 難易度 ★★
- 制作時間 1時間（乾燥1日）
- 作り方 84-85 ページ

運気アップの使い方

光が入る窓辺やリビングに置きます。ステンドグラスから入ってくるきれいな光線が運気アップにつなげてくれます。

成功の鍵を握るキーケース

鍵は扉を開く重要なアイテム。この手作りキーケースに大切な鍵をしまい、新しい扉を開けてみましょう。実は、素晴らしい展開が待っているかもしれません。

幸福のシンボル・青い鳥と、飛躍のシンボル・ウサギの描かれた柄を選びました。

仕事運アップ

難易度 ★★
制作時間 40分
作り方 86-87ページ

運気アップの使い方

キーケースのホックは鍵を包み込むようしっかり閉めておくこと。いつも身の回りに置いてください。

スイーツデコミラー

　女性なら一日に何度も鏡を見ることでしょう。見るたびに魅力的な自分でありたいと願うもの。自分がいまどんな状態かを写してくれる鏡を見ることは、とても大切です。

　大好きなスイーツと、縁起の良い象のデコアクセサリーを付けました。象は豊穣の象徴であり、知恵、忠誠なども表現します。

　あなたも好みのデコアクセサリーを探してみてはいかがですか。

難易度	★★
制作時間	1時間（乾燥1日）
作り方	88ページ

運気アップの使い方
バッグの中や机の中など、いつも手に取れるところに置きましょう。

仕事運アップ

お客さんがどんどん
やってくる行列看板

　ウサギは社交性に富み、たくさんの出会いをもたらしてくれるラッキーアニマルです。飛躍、繁栄のシンボルでもあります。大きな愛らしいウサギを心を込めて作りましょう。大作ですが、その分存在感も大きく、商売繁盛につながるでしょう。

難易度 ★★★
制作時間 3〜4日
○参考作品

運気アップの使い方
店の名前や自分の名前をハートプレートに書きウサギの首に掛け、店頭に置きます。道行く人が足を止め、きっと振り返るはずです。

キラキラ輝く星のストラップ

　古来より、人はいつもキラキラ輝くものに魅了されてきました。そのきらめきは邪気を払い、魔除けになり、運気を上げるといわれています。

　キラキラを金色の宇宙の星に閉じ込めてみました。自分がみんなの人気者やスターになる願いを込めて手作りするといいでしょう。

運気アップの使い方
身の回りの小物やバッグなどに付けます。いつも自分の目に留まるところに置くのも効果的です。

仕事運アップ

難易度　★
制作時間　1時間
○参考作品

仕事がはかどる
ウッド・カレンダー

　カレンダーは、私たちの日常生活には欠かせないものです。心癒やされる木で手作りしてみましょう。木のサイコロには縁起の良い、猫、豚、てんとう虫、イルカなどを描きました。

　てんとう虫は、下から上へと移動する姿から「天道虫」と書くこともあります。天道は太陽のことであり、太陽に向かって飛ぶ縁起の良い虫とされています。

　イルカは跳びはねる魚で、仕事運、勉強運、財産運を呼び込むといわれています。

　豚は貯金箱を連想しますが、まさしく金運アップのシンボルです。

　これら強運の仲間を描くことで、仕事が順調にはかどることは間違いないでしょう。

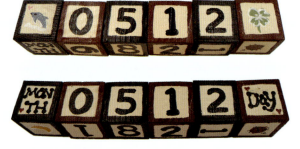

難易度　★★
制作時間　1日
○参考作品

運気アップの使い方

会社のデスクや自分の勉強机に置いて、活用してください。毎日手で触れて日にちを変えることが一日の目標や意義を認識することになり、良い結果を招くでしょう。

簡単おもしろレジンに挑戦！

　親子で共同制作するのに最もふさわしいものとして、レジンアクセサリーをいくつかご紹介しました。レジンとは英語で「樹脂」のことです。紫外線（UVライト）を当てることで関単に固まるので、大変扱いやすく短時間でいろいろなものを制作することができます。

　型にレジン液を流し込み、素材をトッピングして固めれば、自分の好きな世界がぎゅっと詰まった素敵なアクセサリーが出来上がります。お母さんの補助があれば、小さなお子さんでも作ることができて大喜びすることでしょう。

　レジン液は手芸店で購入できます。最近では100円ショップでもいろいろ売っているので探してみてください。ただし、安価なものは完成後にベタついたり、変色する場合もあるので注意が必要です。

　またレジン液は非水溶性なので、使用後には水洗いはしないこと。残ったレジンは固まるまで放置し、固まったら取り出してください。

第 5 章 人気運アップ

良縁、人脈、援助

アイドル猫のキーホルダー

　「招き猫」で有名なように、猫は昔から幸運を呼び込むとして人気のキャラクター。その猫のキラキラキーホルダーを自分で作れば、もっとみんなの人気者になることでしょう。尻尾には邪気を払う鈴を付けました。

難易度	★
制作時間	2時間
作り方	89ページ

運気アップの使い方
いつも使用するバッグやポーチのチャックなどに付けてください。

自信がわくわく
ヒツジの写真掛け

ヒツジは群れを成して行動する動物なので、昔から家族の安泰を表し縁起が良いとされています。温かさ、優しさのあるヒツジの写真掛けに、自分や友人の写真を入れてください。仲間に見守られている安心感からか、不思議と自信が湧いてくるでしょう。

人気運アップ

- 難易度　★★
- 制作時間　1〜2日（乾燥込み）
- 作り方　90-91ページ

運気アップの使い方
リビングの壁面、書斎や勉強机の近くの壁に掛けましょう。

おしゃれカフェカーテン

　ウサギは行く道を案内してくれる役目があります。多産、繁殖、飛躍、進歩、豊穣のシンボルです。

　ヨーヨーは1つひとつ愛情を込めて作るのがポイント。カフェカーテンを付けた場所は温もりがあるパワースポットに変身するでしょう。

- 難易度　★★★
- 制作時間　1〜2日（乾燥込み）
- 作り方　92-93ページ

人気運アップ

運気アップの使い方
ベビーベッドまわり、子ども部屋、出窓などに華やかに飾ってください。

フレーフレー応援フラッグ

運気アップの使い方
子どもの受験シーズン、自分の気分を盛り上げたいとき、部屋に飾るとベストです。気分が滅入りがちなときには、部屋のイメージチェンジに最適です。

旗はいろいろな意味合いを持つものです。あるときは伝達手段であり、あるときはグループの目印であり、また優勝旗や大漁旗などお祝いのシンボルというときもあります。いつも大切な役割を持っているのです。

応援フラッグを手作りして、子ども部屋や自分の部屋の天井に付けましょう。まるで運動会のときのように、部屋中にエネルギーがいっぱいみなぎります。

難易度 ★
制作時間 1時間
○参考作品

友達がどんどんやってくる腰掛け看板娘

　観葉植物の鉢、サイドボード、窓などに座らせることができる女の子。いつもあなたや来客を見守っているような安心感を与えてくれます。

　友人が遊びに来たときなど、かわいい看板娘が話題になること、間違いなしです。

運気アップの使い方
玄関に飾る観葉植物の鉢や棚、リビングの出窓など、目につくところに飾って楽しみましょう。

人気運アップ

難易度　★★
制作時間　2日
○参考作品

ファンを引き寄せる にゃんこマグネット

招き猫とも呼ばれる人気者・猫のマグネットを作りましょう。猫の愛らしさや癒やしにみんなが注目するはずです。人を引き寄せる猫のスピリチュアルな力にマグネットの磁力も加わり、どんどんファンが集まるでしょう。

難易度 ★★
制作時間 1日
○参考作品

運気アップの使い方

リビングや自分の部屋のホワイトボードや磁石が付くところに、日程表などを貼るのに使うと効果が大きくなります。

友達がどんどんやってくる腰掛け看板娘

　観葉植物の鉢、サイドボード、窓などに座らせることができる女の子。いつもあなたや来客を見守っているような安心感を与えてくれます。

　友人が遊びに来たときなど、かわいい看板娘が話題になること、間違いなしです。

運気アップの使い方

玄関に飾る観葉植物の鉢や棚、リビングの出窓など、目につくところに飾って楽しみましょう。

難易度　★★
制作時間　2日
○参考作品

人気運アップ

ファンを引き寄せる
にゃんこマグネット

　招き猫とも呼ばれる人気者・猫のマグネットを作りましょう。猫の愛らしさや癒やしにみんなが注目するはずです。人を引き寄せる猫のスピリチュアルな力にマグネットの磁力も加わり、どんどんファンが集まるでしょう。

難易度 ★★
制作時間 1日
○参考作品

運気アップの使い方
リビングや自分の部屋のホワイトボードや磁石が付くところに、日程表などを貼るのに使うと効果が大きくなります。

ぬくもり抜群、木製品の効用

　昔から木には多くの効用があるといわれていて、本書でもいくつかご紹介しています。木製品を見るだけで、目や疲れた心が癒やされるので、私も大好きな素材のひとつです。

　古代から人間は森林の中で、木々や動植物と共生してきました。木々の緑はフィトンチッド、マイナスイオンを生み出します。それらは私たちの五感に落ち着き、安らぎ、温かさなどの心地良い刺激を与えてくれるものです。触ったときの柔らかさ、ぬくもり、眺めたときの木目や光沢の美しさに、私は惹かれます。

　ひと昔前まで、日本は木造建築がほとんどで、暮らしの中に柱や窓枠など木が身近にありました。いまは少なくなったことがとても残念で、木がもたらす効用を思うにつけ、暮らしの中でたくさん木製品を使いたいと考えます。小物作りも木をベースにしたものをたくさん手掛けています。

　家庭で糸のこを使うのが難しいという方は、男性の手を借りたり、カットをホームセンターに頼んだりしても良いかと思います。

第 6 章 **家族運アップ**

子宝、安産、夫婦円満

笑顔がこぼれる
キーフック

　スピリチュアルな意味合いが深い猫をキーフックに付けると、幸せな気分になります。茶トラ猫は家族運を、白猫は未来運をつかさどるといわれています。かわいい猫の丸い目があなたを見守ってくれるでしょう。
　所定の位置に鍵を置くことで、安定した快適な毎日が過ごせます。

運気アップの使い方
玄関のドアや壁、手の届きやすい場所に掛けましょう。

- 難易度　★★
- 制作時間　2日
- 作り方　94-96ページ

家族運アップ

家を守る飛翔
ツバメストラップ

　渡り鳥であるツバメは環境を選んで巣作りします。風通しや気温が良く、天敵から身を守ってくれる心優しい家がベスト。ツバメが訪れる家や店は栄え、災難が来ないともいわれます。ツバメが運んでくれる幸運に期待しましょう。

難易度　★
制作時間　1時間
○参考作品

運気アップの使い方
家の鍵やバッグ、身近なものに付けると運気が上がるでしょう。

親子で使うダブル・ティッシュケース

ポケットティッシュがシャツの胸と背中に2つ。便利な上にかわいくて、友達に自慢したくなりますね。人間関係をスムーズにするという小鳥のモチーフを付ければ、さらに万全です。

家族運アップ

難易度	★
制作時間	2時間
作り方	97-99ページ

運気アップの使い方
幼稚園の通園バッグやランドセル、塾のバッグなどに忍ばせてあげましょう。

家族が集まる幸せのドールハウス

　ドールハウスは16世紀、ドイツにて上流階級の家庭で少女教育に使用されてきたおままごと道具の一つです。お好みの家のミニチュアを作り、家具やキッチン、人形や動物などをセッティングして小さな世界を表現します。夢のある理想的な家ができそうですね。

　屋根やお部屋の色は何色に？　どんなテーブルとイスを置きましょうか？　考えるだけで楽しさが広がってきます。愛されキャラのクマのぬいぐるみを置いてみました。

家族運アップ

難易度 ★★
制作時間 3日
○参考作品

運気アップの使い方

家族が集まるリビングの壁に掛けると良いでしょう。親しい友人へのプレゼントにすると喜ばれます。

ホヌのエプロン

　ハワイではウミガメをホヌといい、幸運を運んでくれる生き物……カメが夢に現れると良いことが起こる、体調が良くなるともいわれています。

　毎日使うエプロンに、そんなカメを付けてみました。カメと一緒に家事をすれば、家族の笑顔が増えていくでしょう。

難易度	★
制作時間	3時間
作り方	100-101 ページ

運気アップの使い方
毎日の料理、掃除、庭仕事、いつでも使ってください。

ハンドメイドマーケットに参加してみよう！

　本書を手に取られた方は、もちろん手芸好きな方ですね。いろいろな手芸品を家族や友人にプレゼントして喜ばれていることでしょう。

　では、次の目標は手芸作家として活動するというのはいかがでしょうか？

　いま、全国あちこちでハンドメイドのイベントが開催されています。自分のブースを借りて出店し、作品を販売してみましょう。近所の倉庫や神社の境内を借りて行われる趣味の市から、有名イベント会場で毎年開催されるハンドメイドフェスティバルのように大規模なものもあります。ぜひ一度、のぞいてみてください。

　ハンドメイドマーケットにはプロもアマも出品しており、センスもクオリティーも高く、個性豊かな作品にたくさん出会えて、とても勉強になります。なんと言っても「一点物」というのが魅力。見ているだけでワクワクする楽しい時間が過ごせます。あなたの作品を誰かの手に届けてみるのも夢が広がりますよ。

第 7 章 魔除け・厄除け

トラブル回避、目標達成

いい夢だけ見たい！ドリームタペストリー

　キリン（麒麟）は古来より、「1日に千里を走る馬」と呼ばれ、聖人がこの世に出現する吉兆ともいわれています。さらに神話の世界では霊獣とも呼ばれ、名誉、出世、栄転、栄進を象徴します。

　キリンのおなかにドリームキャッチャーを付けました。網で夢をキャッチし、悪い夢は良い夢に変え、羽が良い夢をあなたに届け、守ってくれます。

- 難易度 ★★★
- 制作時間 2〜3日
- ○参考作品

運気アップの使い方
枕元の頭上にちょうど羽の部分がくるようにセッティングしてください。

happiness

dream

魔除け・厄除け

悪運退散パワーストーン・ブレスレット

　パワーストーンは特殊な力が宿り、人間の精神、身体、運勢にさまざまな効果をもたらす鉱物です。自身の願いに当てはまる石を持つことで、本来備わっている潜在能力を引き出すことができ、オーラが輝き出すでしょう。

　このブレスレットの水晶は、悪縁、悪運をそぎ落とす『幸運の石』といわれています。

難易度　★
制作時間　40分
〇参考作品

運気アップの使い方
自分のはめやすい手首に着けます。入浴時は外してください。月に一度は月光に当てて浄化するのがポイントです。

トラブルを追い払う 鈴のキーホルダー

　鈴は太古の昔に農耕が始まって以来、農作物を荒らす動物たちを追い払うために用いられてきました。日本でも鈴祓いといって、神具としても大切に扱われてきたものです。

　鈴を神の使いと呼ばれる神聖な鳥の尻尾に付けました。鈴をひと鳴らしするだけで、トラブルが逃げていくでしょう。

運気アップの使い方
家の鍵やバッグ、身近なものにいつも付けてください。

- 難易度　★★
- 制作時間　1時間（乾燥込み）
- 作り方　102ページ

魔除け・厄除け

邪気除けテーブルクロス

　みんなが集まり食事したり、お茶を飲んだりするテーブルは、一番汚れやすい場所。実は目に見えない思念も残りやすい場所なので、常に気遣いが大事です。

　汚れ落ちの良いビニールコーティング素材を用い、幸運のウサギのモチーフを付けました。洗濯も簡単にでき、清潔に保てます。見えない汚れもすっきり落ちて、リビングがパワースポットに早変わりします。

運気アップの使い方
みんなが集まるテーブルに掛けましょう。

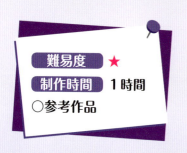

難易度	★
制作時間	1時間

○参考作品

ウサギのガーデンピック

　ウサギの長くピンと伸びた耳には、世の中に浮遊している幸運を拾い集める力があるようです。家のまわりや庭先にウサギのガーデンピックを置けば、素敵な仲間が集まってくるでしょう。

難易度	★★
制作時間	1日（乾燥込み）
作り方	103-104ページ

運気アップの使い方
玄関前の花壇や華やかにしたいお庭に飾ってください。

魔除け・厄除け

クマが見守る
ペーパーホルダー

　紙は出しっぱなしにしておくと、邪気を吸い込み、悪い気をためるといわれています。トイレットペーパーカバーをビニール素材で手作りし、邪気から守りましょう。これは、上からも下からもペーパーが取り出せて便利です。邪気を追い払うのに最強のクマをポケットに付けました。

- 難易度 ★★
- 制作時間 1時間半
- 作り方 105-107ページ

運気アップの使い方
リビング、ペットケージ、キッチンなど、ペーパーをよく利用する場所につり下げてください。

開運どうぶつ小物の作り方

作り方を掲載している作品は、基本的なテクニックが全て含まれています。

手作りの楽しさは、自由に発想することです。

ご紹介するデザインや材料は一案ですので、自分の好きな色や柄、形にアレンジして楽しんでくださいね。

この作り方を覚えて、参考作品やあなただけのオリジナル作品にもチャレンジすると、もっと手芸が好きになって、夢が膨らんでいきますよ。

金運招く壁掛けプレート

難易度：★／制作時間：2〜3日（乾燥込み）

■材料と用具

パン用まな板…縦28×横15cm
デザインペーパー…縦15×横13cm
ワックスコード…39cm
パール玉（直径1cmくらい）…3個
麦、稲…各5〜6本
ラフィア…1mを6本くらい
ニス
好みの布…4×4cm 1枚
オーガンジーリボン…金と白　各1m
グルーガン
木工用接着剤
ハサミ
筆（ニス用）

作り方

1 まな板にデザインペーパーを木工用接着剤で貼る。半日ほど乾かす。

2 **1**に筆でニスを塗る。ニスは1カ所に固まらないようにまんべんなく塗る。半日ほど乾かす。

3 パール玉3個を図1のように木工用接着剤で付ける。

4 4×4cmの布をハートの形にカットし、木工用接着剤で貼り（図1）よく乾かす。

図1

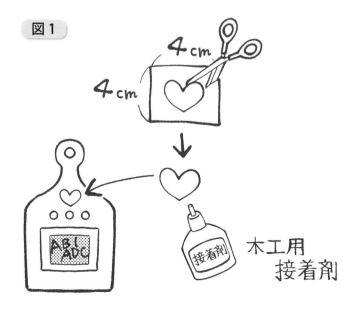

5 ワックスコードを輪にして結び、まな板の穴に通す（図2）。

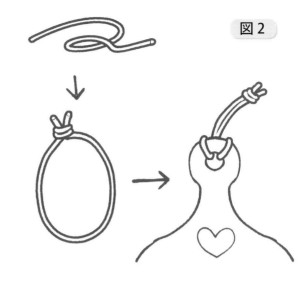

6 ラフィアで麦、稲をひとまとめにし、ちょう結びにする（図3）。

7 まな板に 6 をしっかりとグルーガンで取り付ける。飛び出した茎はセンス良く整える。

8 オーガンジーリボンを2本重ねて、ちょう結びにする。7 にグルーガンで取り付ける（図4）。

完成！

マカロンコインケース

> 難易度：★★／制作時間：40分～1時間（プラス乾燥に半日）

■材料と用具

マカロン型（直径4cm）…2個
ファスナー…長さ16cm1本（20cmのものでも可、カットして使用）
ストラップ…1本（ナスカンが付いているもの）
丸カン…1個
ツバメのチャーム…1個、その他鈴など好みで
チェック布（裏用）…20×20cm
絵柄のある布（表用。鹿柄を使用）…20×20cm
厚紙…6×13cm
糸…ファスナーと同色のもの
針
木工用接着剤
ハサミ

作り方

1 絵柄布の表にする部分にマカロン型を置き、印を付ける。鹿の姿がうまく入るようにする。マカロンの縁から5mmの縫い代を取って印を付け、カットする。

2 **1**の縁から2mmのところをぐし縫いして、マカロン型を布の中に入れ込み、絞る（図1）。これを2つ作る。

3 ファスナーの引き手部分を中表にし、端と端を重ねて1cmのところを縫い合わせる。ひっくり返しておく（図2）。

図1

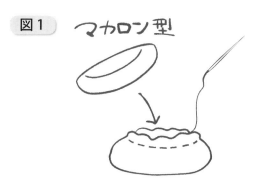

図2

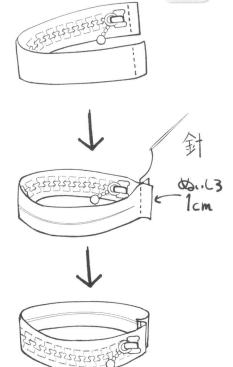

4 **2**のマカロン型布に、**3**のファスナーをかがって付ける。このとき、ファスナーの引き手が絵柄の上に付くようにすること。

5 下マカロンも同様にファスナーにかがり付ける。

6 出来上がったらファスナーの引き手部分に丸カンを縫い留める（図3）。

7 厚紙に直径3cmの円を書き、カットする。2枚作る。

8 チェック布の上に 7 を置き、5mmの縫い代を付けてカットする。2枚作る。

9 8 に布端から2mmのところをぐし縫いし、7 の円形厚紙を入れて絞る。2つ作る。

図3

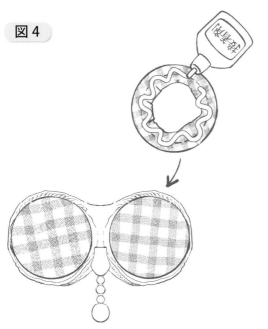

図4

10 9 の縁に木工用接着剤を付けて、マカロン型土台に取り付ける。
半日この状態で乾かす（図4）。

11 マカロン土台のファスナーを閉め、丸カンにストラップを付ける。
ストラップのナスカンに鈴やチャームを取り付けたら完成（図5）。

図5

完成！

金運アップ

幸運の女神を呼び込むウエルカムボード

難易度：★★／制作時間：2～3日（乾燥込み）

■材料と用具

ベニヤ板A…厚さ4mm×縦15cm×横20cm
ベニヤ板B…厚さ1.5～2cmのもの　縦5×横10.5cm
麻ひも…14cm1本
赤チェック布…縦3×横29cm
赤の糸
トールペイント用絵具…黒、マルーン、アンティークホワイト、アイボリー
トールペイント用筆、ニス用筆、ステンシル用筆
シーラー（下地塗り用）
シーラー用刷毛
マスキングテープ
つまようじ
木工用接着剤
グルーガン
ニス

作り方

1 ベニヤ板Aにウサギの顔を書き、カットする（図1）。ベニヤ板Aに直径3cmの円を2つ書き、カットする。

2 **1**とベニヤ板Bの表面、横部分にシーラーを塗る。半日くらい自然乾燥させる。

3 乾いたらトールペイント用絵具アイボリーで表面、横部分を塗る。

4 アンティークホワイトで**3**の表面、横部分を塗る。塗り終えたら乾かす。木目が見えなくなるまで、「塗る→乾かす」の工程をくり返す。大体3回ぐらいが目安。

図1

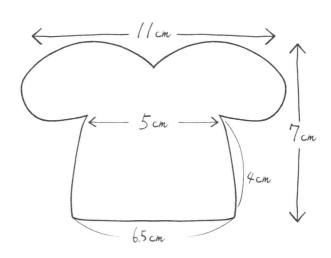

5 ベニヤ板Bの表面に鉛筆で端から5mmの線を引く。その線の内側にマスキングテープを貼る（図2）。テープの外側や横部分をマルーンで塗る→乾かす。下のアンティークホワイトの色が見えなくなるまでくり返す。

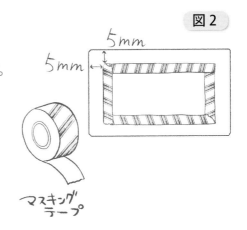

ドライヤーを使って早く乾かしてもOK！

6 黒でWelcomeの文字を描き、乾かす。

7 つまようじに黒を付け、ウサギの目を描く。乾かす。

8 ステンシル用の筆にマルーンを付け、耳、頬をポンポンと叩いて色を付ける。手の先にも同様にする（図3）。

9 よく乾かし、全ての木材にニスを塗る。

10 図4のように木工用接着剤で取り付ける。

11 麻ひもは二つ折りにして固く結び、ウサギの後頭部に木工用接着剤で付ける。

12 赤チェック布は図5のように赤糸で結び、リボンを作る。グルーガンでウサギの耳元に付ける（図6）。

完成！

心弾むポンポン人形

: 難易度：★★★／制作時間：1日

■材料と用具

かご…深さ7×縦7×横11cm
（持ち手も入れた高さ18cm）
模型の木…1個
雪だるまのpick
毛糸（並太）…白、青　各1玉
綿…少々
フェルト…ピンク（15×15cm）、
白、パステルイエロー、パステ
ルグリーン各少々
コード…赤8cm
針
グルーガン
鉛筆

ビーズ…黒　直径4mm4個
　　　　パール　直径5mm1個
布…ピンク水玉　10×10cm
刺繍糸…茶、ピンク
金色ヤーン…7cm1本
鈴…高さ3.5cm 幅9.5cmのもの
1個
厚紙…★（かごの土台用）縦
9.5×横14.5cm
（ポンポン玉用）5×10cm、4×
10cm
厚紙…（パーツの型紙用）　10
×10cm…手、足、耳、口、羽、
バッグ用
ハサミ

作り方　各パーツ

1 厚紙で各パーツの型紙を作る（図1）。ピンクのフェルトに手、足、耳、足裏の型紙を乗せ、鉛筆で写し、カットする。手、足は4つ、耳と足裏は2つずつ作る。

2 パステルイエローのフェルトで、1.5×1.5cmの正方形を1つ（アヒルの口）、アヒルの羽を2つカットする。正方形は図のようにカットする（図2）。

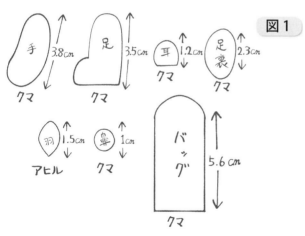

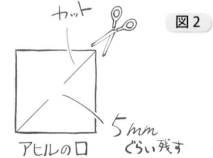

3 クマの口は白のフェルトで、バッグはパステルグリーンのフェルトで1つずつカットする。

4 手のフェルトを2枚合わせ、ピンクの刺繍糸でかがる。一部開け口を残し、綿を入れてからかがる。2つ作る。同じようにして足も2つ作る。

5 **3**のバッグは、下から2cmのところを折り上げ、かがる。上部を折り下げ、パールビーズで縫い留める。このときバッグのひもになる赤のコードを挟み込んで縫う（図3）。

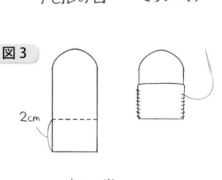

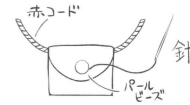

6 クマのポンポンを作る。幅5cmの厚紙に白の毛糸をグルグルと50回巻き付ける。厚紙から毛糸をそっと引き抜き、真ん中を毛糸で縛る。両サイドの輪になっている部分にハサミを入れ作る（図4）。
1つは直径5cmくらいのポンポンになるようカットして整える。もう1つは直径4cmくらいに毛糸を切りそろえる。

7 アヒルは同じ要領で幅4cmの厚紙を使い、白毛糸を50回巻き付けたものを直径4cmにカットする。さらに40回巻き付けたものを直径3cmのポンポンにカットする。

8 図5のようにポンポンをグルーガンで付ける。

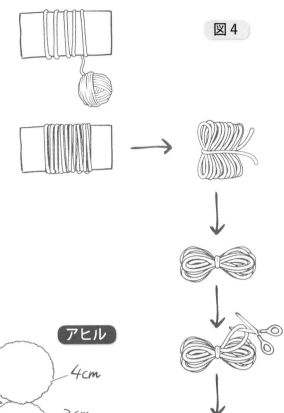

図4

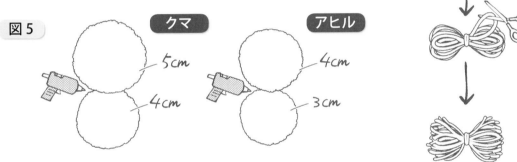

図5　クマ　アヒル

9 **3** の白フェルトのまわりから2mmくらいのところを縫い絞る。
茶色の刺繍糸を2本取りで図6のようにクマの鼻と口を刺繍して、綿を少し入れる（図6）。

10 アヒルの三角巾は、ピンク水玉の布を三角形に折り半分から3mmのところをカットする。
3辺の縫い代をそれぞれ折り込んで始末する（図7）。

11 マフラーを編む。青の毛糸で3目12段、細編みをする。1.8×23cmの仕上がりにする。

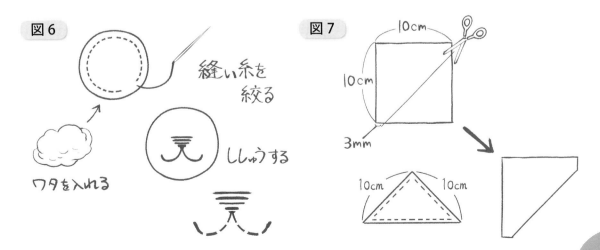

図6　縫い糸を絞る　ししゅうする　ワタを入れる

図7

作り方　仕上げ

1. アヒルは図8のようにグルーガンで、三角巾、羽、目（黒のビーズ）、くちばしを付ける。
2. クマは図9のように仕上げる。

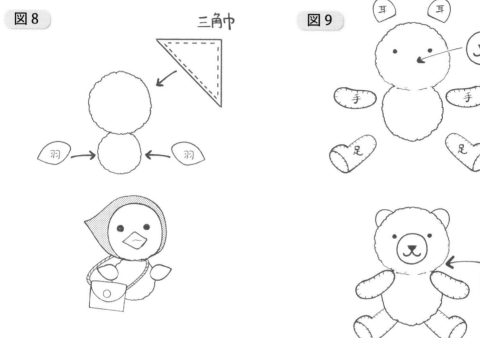

3. 金のヤーンでかごの持ち手に鈴を縛り付ける。
4. ★の厚紙を図10のように折り、かごの中に入れる。
5. 図11のようにクマとアヒルを配置し、雪だるまのpick、綿と木を入れ、グルーガンでしっかり取り付ける。

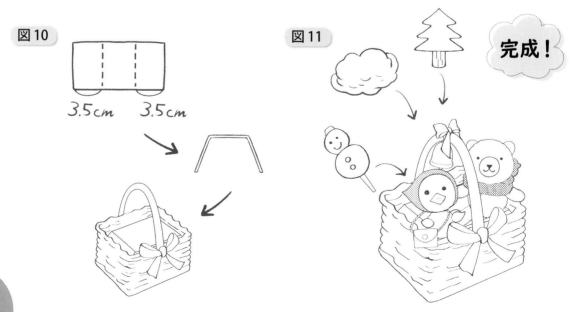

きらめきハートピアス

難易度：★／制作時間：20分

■材料と用具

ピアスフック（銀色）…2個
9ピン3cm…2個
ハートのトンボ玉…2個
パール・直径8mmの穴空き…2個
タッセル4cm（底部分2.5cm）…2本
丸カン（銀色）…2個
ニッパー

作り方

1 9ピンにパール、ハートのトンボ玉の順番に差し込む。9ピンの先はニッパーで丸める。

2 丸カンをニッパーで広げ、**1**の9ピンの先とタッセルを通し、輪を閉じる。

3 丸カンにピアスフックを通し、さらに9ピンの頭を通し、ニッパーで閉じる。

黒猫のパックンポーチ

> 難易度：★／制作時間：1時間

■材料と用具

黒猫の柄布…縦31×横20cm
チェック布…縦16×横20cm を2枚
花のパーツ…1個
ラベル…1枚
パックンポーチ用金具（バネ口金）…12cm 幅1本
ミシン
ミシン糸…白糸
金づち
ハサミ

作り方

1 柄布とチェック布（20cmの辺のほう）を中表に合わせ、端から1cmのところを縫い合わせる。2カ所。広げると図1のようになる。

2 1 を中表に折り、両サイドの端から1cmのところを下から16cmまで直線縫いする（図2）。

図1

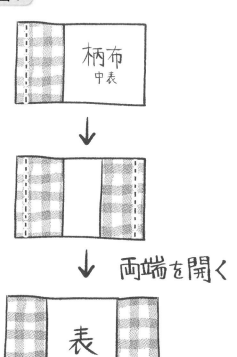

図2

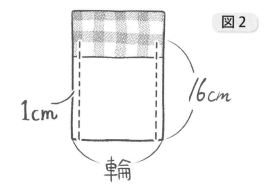

3 両サイドを広げ、図3のようにコの字に縫う。反対側も同様に縫う。

図3

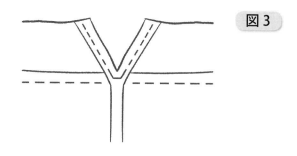

4 上から1cm折り、さらに3cm折り曲げ、ミシンで直線縫いする（図4）。

図4

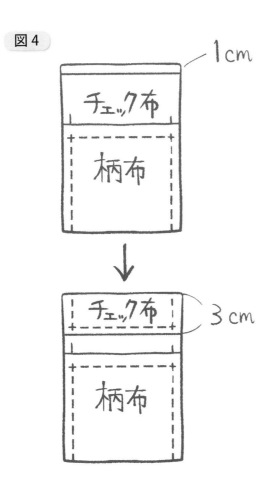

5 サイドを広げ、3.5cmのところを直線縫いする（図5）。反対側も同様にする。

図5

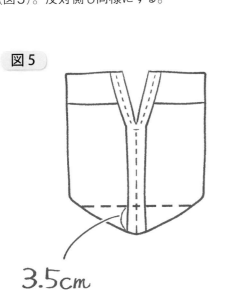

6 袋を表に返し、両端を折ったラベルを本体に縫い留める（図6）。

図6

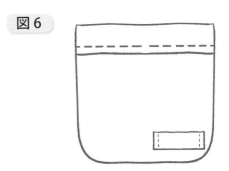

7 ラベルの右上に花を手縫いで留める（図7）。

8 チェック布の部分に金具を通す。
片方の金具穴に、金づちでネジを叩き入れる（図8）。

図7

図8

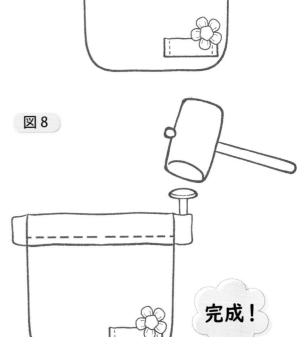

完成！

心すっきりタオル掛け

難易度：★★★／制作時間：1～2日／出来上がり寸法…43cm

■ **材料と用具**

厚紙…26×60cm
布（生成り）…50×130cm
布（柄）…40×51cm
輪（直径13.5cm）…1個
綿…1袋（250g）
ワイヤー…30cm ×2本
麻ひも…20cm
刺繍糸…茶色適宜

安全ピン…小1個
赤チェックリボン…幅2.5×36cm
英字リボン…幅1×18cm
子ウサギぬいぐるみ…1匹
安全ピン小…1個

ハサミ、ミシン、グルーガン、針、糸（赤、白）、チャコペン、油性ペン黒、油性ペン茶

作り方　ボディー

1　厚紙で型紙を作る。

2　生成り布に型紙を置き、チャコペンで印を付ける。
それぞれ1cmの縫い代を付けてカットする（図1）。
全て下部になる部分の縫い代は不要。

3　ボディーを中表にし、周囲にミシンをかける。
チャコペンで印を付けた上を縫うと良い。
手、耳も同様に縫う。各2つずつ作る。

4　3の各パーツを、縫い代に切り込みを入れる。
特にカーブ部分を細かく入れる。

5　4の各パーツをひっくり返し、開け口から綿を入れる。
ボディーは下部布1cmを中に入れ込み、真ん中5cmを開けて両脇を縫う。
手の開け口は折り込まず、開け口から1cmを手で縫い、ぎゅっと縫い絞る。

6　耳にワイヤーを通し、ワイヤーの内側をミシンで縫う。

7　ループは、柄布を12×5cmにカットする。
12cmの布を両端から1cmずつ折り込み、さらに全体を2つに折る。
縁をミシンで直線縫いする。
ループは2つに折り、輪ギリギリのところと上部から5mmをミシンで縫って、輪に取り付ける（図2）。

図1

図2

8 ボディーの首脇に手を縫い付ける。ボディーの下部開け口に輪のループを入れ、縫い付ける（図3）。

ポイント！ 基本、直線縫いはミシンで、曲線部分や細かいところは手縫いというように適宜使い分けましょう。

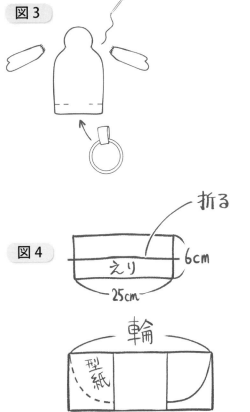

図3

作り方　ドレス

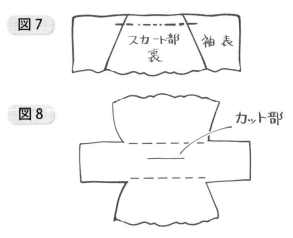

図4

9 襟は6×25cmの布を縦に二つ折りにし、型紙を置いて角を丸く印を付ける（図4）。
周囲にミシンをかけ、片側に開け口を残しておいてひっくり返す。
開け口はまつり縫いで閉じておく。

10 袖は柄布を縦17×48.5cmにカットし、縦を二つ折りにし、図のように真ん中に10.5cmの切り込みを入れる（図5 ここから首が出る）。

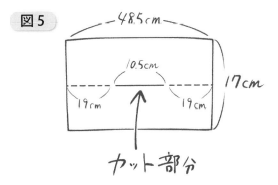

図5

11 スカートは12×48.5cmを2枚カットする。上から1cmのところをミシンで粗く直線縫いし、両脇糸を引っ張り、18.5cmに絞る（図6）。

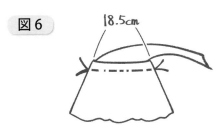

図6

12 袖とスカートを中表にし、1cmのところを縫う（図7）。反対側も同様に縫い、開くと図8のようになる。

図7

図8

13 開いたものを中表に合わせ、脇をミシンで縫い、ひっくり返す（図9）。

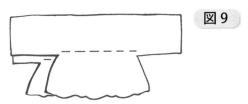

図9

作り方　仕上げ

14 **13**のドレスをボディーにかぶせる。手が出るように袖口を中に折り込み、刺繍糸2本取りでステッチする。
同様に裾も1cm折り返し、刺繍糸でステッチする（図10）。

図10

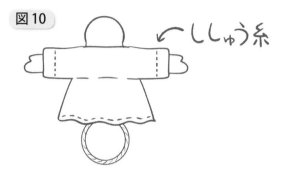

15 グルーガンで首まわりにドレスを付ける。さらに襟を付ける。

16 赤チェックリボンを図のように折り、中心を赤糸できつく結ぶ（図11）。2つ作る。

図11

17 英字のリボンをちょう結びにする。

18 ウサギの頭、左右を2cmカットし、耳を差し込む。グルーガンで留める（図12）。

図12

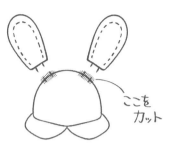

ここをカット

ポイント！
このとき、縫った場所の糸だけをカットし、布はカットしないようにしましょう。

19 麻ひもを二つ折りにし、先端を固結びにする。グルーガンで頭の後ろに付ける。

20 耳に赤チェックリボンをグルーガンで取り付ける。英字リボンも胸元に取り付ける（図13）。

図13

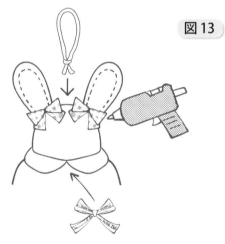

完成！

21 油性ペン黒で目とまつげを描く。鼻は油性ペン茶で描く。

22 耳と頬にチークを付け、子ウサギを手に持たせ安全ピンで付ける（図14）。

図14

安全ピン

ちり取りお掃除セット

難易度：★★／制作時間：1～2日

■材料と用具

小ほうき…1本
赤チェック布…縦21.5×横19.5cm
ラフィア…3本
アクリルコード…24cm×1本
プラスネジ…長さ1.5cm 1本
丸棒…直径2.5×長さ10cm 1本
ラワンベニヤ板…厚さ3mm 縦16.5×横32cm
星型ステンシルシート…1枚
木工用接着剤

トールペイント用絵具…ミッドナイトブルー、マルーン、アンティークホワイト
ニス
ペイント、ニス、ステンシル用の筆…各1本
綿レース…幅1.5×38cm
花のモチーフ（市販のもの）…1枚
タグ…1枚
グルーガン、チャコペン
ハサミ、紙やすり、ミシン
ドリル、プラスドライバー

作り方　ほうきカバー

1 図1のように型紙を作る。

2 赤チェック布の縦21.5cmのほうの上下5mmを裏に折り、端ミシンをかける。

3 ②を二つ折りにし、型紙を置いてチャコペンで印を付ける（図2）。

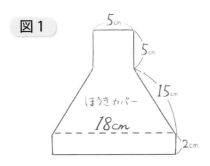

図1

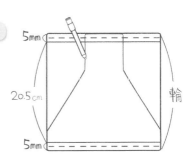

図2

4 印のところをミシンで縫う（図3）。

5 縫ったところの5mm外側をカットする（図4）。

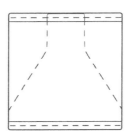

図3

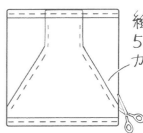

図4

縫い目の5mm外側をカット

6 ひっくり返し、ほうきにかぶせる（図5）。

7 ラフィア3本をほうきの持ち手の首元でちょう結びをする（図6）。
長いものは適宜カットする。

8 グルーガンでレース、タグ、花のモチーフを付ける（図7）。

図5

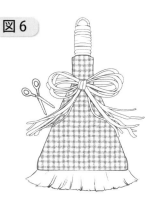

図6

図7

作り方　ちり取り

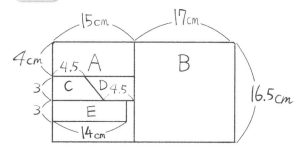

図1

1 ラワンベニヤ板を図1のようにカットする。

2 図2のようにAとBの板の上部角を丸くカットする。

3 丸棒は図3のようにカットし、さらにドリルで3mm程度の穴を開ける（図4）。

4 カットした板にそれぞれ紙やすりをかける。

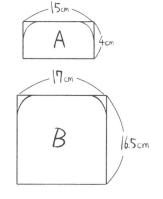

図2

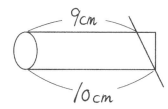

図3

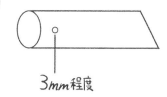

図4

5 Aはマルーンで、C、D、E、丸棒はミッドナイトブルーで全体を塗る。
各パーツとも木目が見えなくなるまで塗って、よく乾かす。

6 Aの板の真ん中に星のステンシルシートを置く。
ステンシル用筆でアンティークホワイトを使い、ステンシルをする。
シートを外し、よく乾かす。その左右にも1つずつステンシルをする。
図5のように星を3つステンシルする。

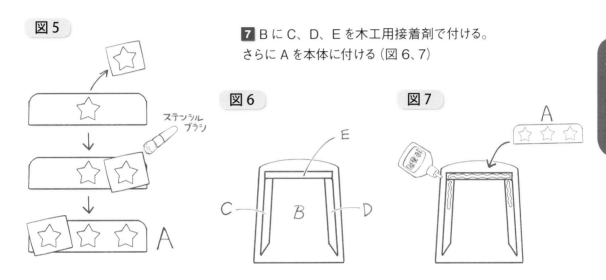

7 BにC、D、Eを木工用接着剤で付ける。
さらにAを本体に付ける（図6、7）

8 丸棒を木工用接着剤で付ける（図8）。

9 よく乾かし、丸棒が取れないように、ちり取りの中から
プラスドライバーでネジを留める（図9）。

10 全体にニスを塗り、よく乾かす。
丸棒にアクリルコードを通して完成。

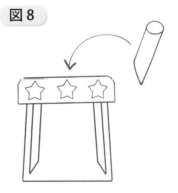

完成！

ポイント！
ラワンベニヤ板のカットはホームセンターなどに頼むのも良いでしょう。

ポカポカ冷え取りマフラー

難易度：★★／制作時間：3時間

■材料と用具

柄布…縦1m×横16cm
フリース…縦1m×横16cm
レース…幅3.5cm×長さ16cm　4本
綿レース…幅4cm×長さ8cm　1本、長さ12cm　1本
タグ…長さ5cm
ミシン
ミシン糸…ベージュ
針、マチ針、ハサミ

作り方

1 柄布とフリースを中表に合わせ、縫い代1cmでミシンで直線縫いをする。このとき図1のように8cmの開け口を残す。

2 四隅を3mmほど残し、三角にカットし、表に返す。
開け口はまつっておく。

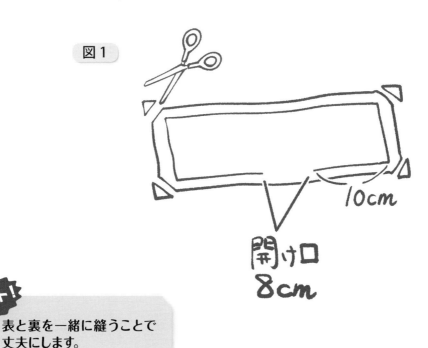

図1

ポイント！ 表と裏を一緒に縫うことで丈夫にします。

3 端から9.5cmのところにレースの真ん中を合わせ、布とレースをマチ針で留める。
レースの両端はそれぞれ1cmずつ中に折り返し（図2）、ミシンで直線縫いする。
レースの幅があるので図3のように長方形を描くような感じでかけると良い。
同様にしてもう1本、レースを縫い付ける。

4 反対側も同じように、2本、レースを縫い付ける。

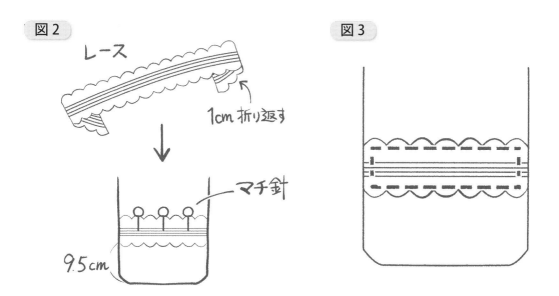

5 綿レース8cmの両端を1cm折り込み、図4の位置に手縫いで付ける。

6 タグの両端を1cm折り込み、綿レースの上から1cm横2cmのところに手縫いで付ける（図4）。

7 フリース側にマフラーを通すため12cmの綿レースを付ける。
綿レース両端1cmを折り返し、マチ針を打つ（図5）。
綿レースの両端5mmのところを手縫いで付ける。

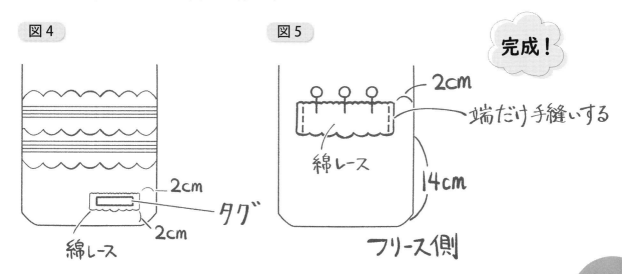

バラのステンドグラスで気分一新

難易度：★★／制作時間：1時間（乾燥1日）

■材料と用具

木製フレーム（アクリル板付き）…縦11.5×横15.5cm
グラスペイント…黒、赤、緑
鉛筆
すりガラスシート
竹串…1本
速乾性接着剤
マスキングテープ

作り方

1. フレームのアクリル板、紙などを取り去る。

2. アクリル板をすりガラスシートの上に置き、鉛筆で型取り、カットする（図1）。

3. カットしたすりガラスシートをアクリル板に貼る。貼ったほうは裏になる。

図1

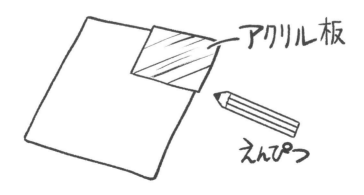

4 図2を実物大型紙にコピーしたものを、アクリル板の裏にマスキングテープで貼る（図3）。

図2

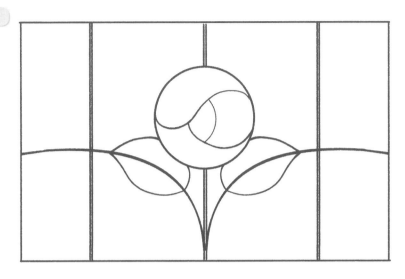

5 **4**をひっくり返し、黒のグラスペイントでデザインのラインをなぞる（図4）。
1時間ほど乾かす（型紙のコピーは取り去る）。

6 赤のグラスペイントでバラの花の中を塗る。まずまわりを囲ってから中を塗るようにすると良い。気泡が出たら竹串でつぶす。

7 緑のグラスペイントで葉を塗る。
要領は**6**と同じ。
出来上がったら一晩乾かす。

図3

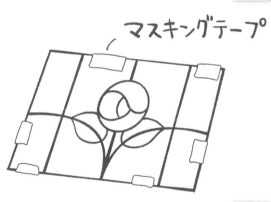

図4

8 フレーム裏の枠に速乾性接着剤を1周付ける。出来上がったアクリル板をひっくり返し、フレームに貼り付ける。
よく乾かして完成。

成功の鍵を握るキーケース

難易度：★★／制作時間：40分

■材料と用具

柄布…縦10×横18cm
赤チェック布…縦10×横18cm
接着芯…縦10×横18cmを2枚
レース…幅4.5×長さ63cm
ミシン糸…白
キーホルダー四連カシメ付き
ボタン金具…凹凸1セット
ボタン取り付け用器具
マチ針、アイロン、千枚通し、金づち、黒ペン、ハサミ
ミシン

作り方

1 柄布の裏に接着芯（ザラザラした面）をアイロンで貼る。

2 同様に赤チェック布の裏にも接着芯を貼る。

ポイント！
布と接着芯がずれないように
注意しましょう。

図1

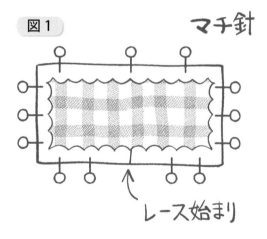

3 **1** と **2** の布を中表にし、外側から2mm中ほどをミシンで一周縫う。

4 **3** のチェック布側の周囲にレースをマチ針で留めていく。
レース最後の端はほつれないよう1cm折り込む（図1）。

5 1cmの縫い代でミシンをかける（図2）。
レースの始めと終わりの部分は返し縫いをする。

図2

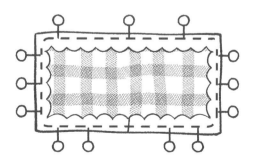

6 縫い終えたら、マチ針を抜き、レースを柄側にひっくり返す（図3）。
手縫いでレースの端をかがる。

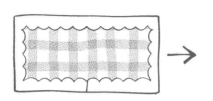

ポイント！
できるだけ糸がレースから見えないようにかがりましょう。

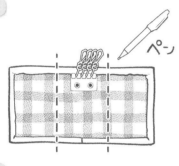

7 三つ折りにして、キーホルダー器具をチェック布の真ん中上部に置く。
二つ穴に黒ペンで印を付ける（図4）。
印を付けたところを千枚通しで穴を開ける。

8 キーホルダー器具を印を付けた部分に置き、カシメを穴に入れる。
ボタン状になっているのが柄側に出るようにする。
金づちで叩いてしっかり取り付ける。

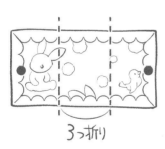

9 三つ折りにしてボタンを付ける位置を決める。
黒ペンで左右に印を付け、千枚通しで二つ穴を開ける（図5）。

10 下にボタン台、上にボタン器具をボタンの上に置いて金づちで叩く（図6）。

11 柄布側にボタン台を置き、受けるボタンを穴に差し込み、ボタン器具を金づちで叩く（図7）。

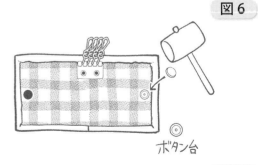

完成！

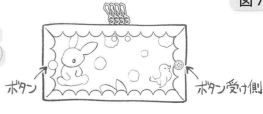

スイーツデコミラー

難易度：★★／制作時間：1時間（乾燥1日）

■材料と用具

手鏡…1個
ホイップ絞り袋、絞り口金…各1個
デコアクセサリー、パールビーズ…好みで適宜
シリコンシーラント…ホワイト1本
シリコンシーラント用器具
ピンセット
ハサミ

作り方

1. シリコンシーラントをシリコンシーラント用器具に取り付ける。

2. ホイップ絞り袋の先を1.5cmカットする。

3. ホイップ絞り袋の中に絞り口金を入れ、装着する。

4. シリコンシーラントをホイップ袋の中に絞り出す(袋の4分の1程度)。

5. ホイップクリームを絞るように手鏡にホイップする。

6. ピンセットを用いて、手鏡にデコアクセサリーを付けていく。パールビーズも飾る。

7. 1日くらい、乾燥させる。

ご自分が好きなアイテムを自由に飾ってみましょう。強運、開運グッズを1つは入れるといいですね。

アイドル猫のキーホルダー

難易度：★／制作時間：2時間

■材料と用具

猫レジン枠…1個
花のフィルムシート…1枚
鍵パーツ…1個
キーホルダー…1個
鈴…1個
星ラメ
ピンクパール…1粒
ピンクラメ…少々
丸カン…2個
レジン液
UVクリスタル装置
ワックスペーパー…4×4cm
竹串
ピンセット
ニッパー

作り方

1 ワックスペーパーの上に猫のレジン枠を置き、枠内にレジン液を流す。流したら竹串で液を均等にならす。

2 **1**をUVクリスタル装置に入れ、10～15分間固める。

3 ピンセットで取り出し、星ラメ、ピンクラメを散りばめる。鍵のパーツ、花のフィルムシートを置く。
その上に、レジン液を垂らす。

4 ピンセットを使って、**3**にピンクパールを置く。

5 UVクリスタル装置に再度入れ、15～20分間固める。

6 **5**を取り出してレジン液を垂らす。
このとき、猫枠の真ん中が盛り上がるように調整する。

7 **6**をUVクリスタル装置に入れ、15～20分間固める。
しっかり固まったらピンセットで取り出す。

8 頭に丸カンとキーホルダー、尻尾に丸カンと鈴を付ける。それぞれニッパーで丸カンを閉じる（図）。

> ポイント！
> 竹串を上手に使って、レジン液が隅々までいきわたるようにします。

図

完成！

人気運アップ

自信がわくわくヒツジの写真掛け

難易度：★★／制作時間：1～2日（乾燥込み）

■材料と用具

画用紙…縦30×横36cm
ラワン合板…縦30×横36cm
やすり
ワイヤー…太さ2mmのもの33cm
筆…ニス、ステンシルブラシ、平筆、細筆、丸筆、普通筆
トールペイント用絵具…白、黒、バーントアンバー、ピーチキーン、ピンククォーツ、コペンブルー、マルーン

A6軟質カードケース…2枚
万能接着剤
ニス
チェック布…縦2×横11cm
ニッパー
ドリル
電動糸のこ
鉛筆

作り方

1 画用紙でヒツジの型紙を作る（図1）。

2 ラワン合板に **1** の型紙を置き、鉛筆で型取る。電動糸のこでカットする。

3 **2** に 8.4×12.5cmの四角を2つ書き、四隅にドリルで穴を開ける（図2）。

図1

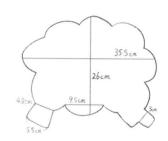

図2

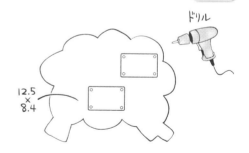

ポイント！ **3** の穴に糸のこの歯を入れてカットしていきます。

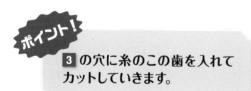

4 **3** の四角2カ所を糸のこでカットする。

5 糸のこでカットした部分にやすりをかけ、平筆を使い、全体を白のペイントで塗る。木目が見えなくなるまで「塗る→乾かす」をくり返す。板の上と横部分も塗る。

6 顔、足の部分はピーチキーンで **5** と同じ要領で塗る。

7 筆の柄の部分を使い、黒のペイントでヒツジの顔に目を描く。
まつげは細筆に黒の絵具で描く（図3）。

8 普通筆にバーントアンバーを付け、足とひづめを描く。
角は丸筆にバーントアンバーを付け描く。
ステンシルブラシにマルーンを付け、頬を叩く。
乾いたら筆の後ろ柄に白を付け、頬にハートを描く（図4）。

9 平筆にピンククォーツを付け、ボディーのまわりを一周する（図5）。

10 細筆にコペンブルーを付け、四角のまわり1cmのところに点線を描いていく（図6）。

11 ニスで表面全体を塗り、乾いたらひっくり返す。

12 万能接着剤で四角にカードケースを付け、よく乾かす（図7）。

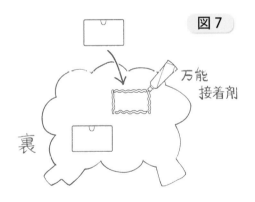

ポイント！
取り出し口が上になるように付けます。

13 表に返し、本体の上部にドリルで穴を開ける。
ワイヤーを穴に通し、ニッパーで取り付ける。

14 チェック布を図のように結び、完成（図8）。

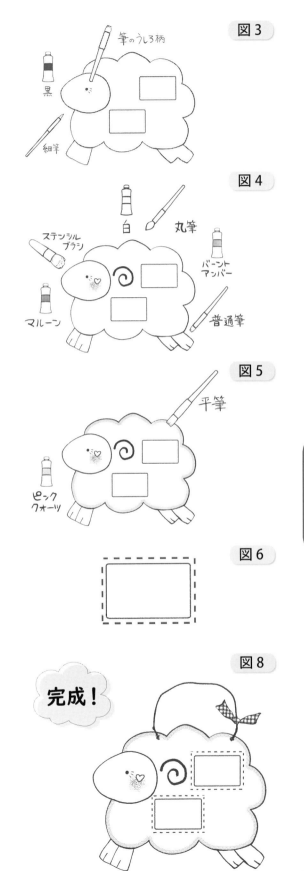

おしゃれカフェカーテン

難易度：★★★／制作時間：1〜2日（乾燥込み）

■材料と用具

柄布…縦55.5×横153cm
赤チェック布…縦27×横153cm
画用紙…7×7cm
ミシン糸…白
柄布いろいろ…7×7cmを44枚
コンパス
チャコペン
断ち切りバサミ
ミシン
マチ針
針
ハサミ

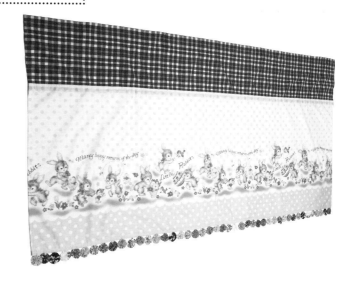

作り方

1 柄布と赤チェック布を中表で合わせ、1cmの縫い代でミシンをかける（図1）。

2 縫った布を広げ、縫い代部分も広げる。

3 縦部分の端を1cmの幅で三つ折りにしてミシンをかける。両端とも縫う。

4 柄布の裾部分を1cm裏に折り、端ミシンをかける。

ポイント！
縫い代は不要です。

図1

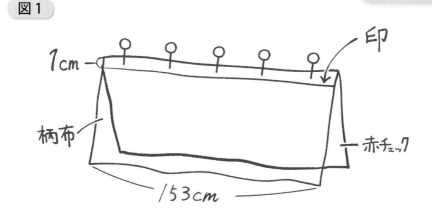

5 赤チェック部分は1cm折り、さらに6cm折り込み、マチ針を打つ。
折り込んだ端2mmのところをミシンをかける（図2、3）。
ここが棒通し部分となる。

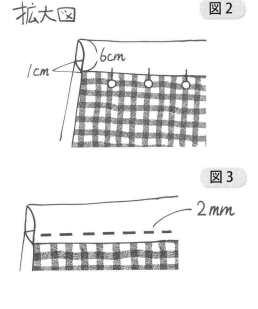

図2

図3

6 画用紙にコンパスで直径7cmの円を描き、切り抜く。
これがヨーヨーの型紙となる。

7 6の型紙を使い、柄布44枚をカットする。

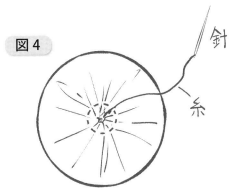

図4

8 カットした柄布の端から2mmくらいのところを手縫いで1周する。

9 縫った糸を絞り、玉結びをする（図4）。
これを44個作る。

10 図5のようにヨーヨーを44個つなげる。

11 5の布の裾に、つなげたヨーヨーを表にしてマチ針で留めていく。
44個手縫いで留める（図6）。

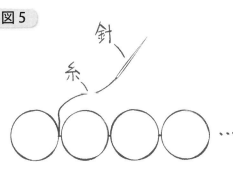

図5

完成！

図6

ポイント！

もしヨーヨーの数が多い場合は、調整してください。布により伸縮の具合が異なる場合があります。

人気運アップ

笑顔がこぼれるキーフック

難易度：★★／制作時間：2日

■材料と用具

パイン材…厚さ1.8×縦18×横16.5cm
厚紙…縦8×横8cm
紙やすり
トールペイント用絵具…黒、白、アンティークホワイト、マルーン、トマトスパイス、トフィーブラウン、バーントアンバー、ピンククォーツ、コペンブルーニス
ステンシルブラシ、普通筆
細筆、ニス用筆

木工用接着剤…1本
ワイヤー…32cm
コンパス
L字フック…3個
赤チェック布…縦2.5×横4.5cm
電動ドリル
グルーガン
電動糸のこ
定規
ハサミ
鉛筆
ニッパー
赤糸

作り方

1 厚紙に図1を写し、型紙を作る。

2 型紙をパイン材に置き、鉛筆でなぞる。10cmのところに線を引き、電動糸のこでカットする（図2）。

3 カットしたパーツにそれぞれ紙やすりをかける（図3）。

図2

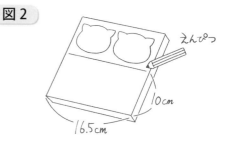

図1

実物大

図3

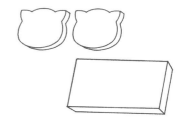

作り方　トラ猫

4 普通筆にトフィーブラウンを付け、猫の顔の表面と、横の部分を塗る。
塗る→乾かすをくり返し、木目が見えなくなるまで塗る。

5 乾いたらコンパスで直径1.5cmの円を描く。
ピンククォーツで耳を描く（図4）。

6 バーントアンバーでトラ猫模様を描く（図5）。

7 白で丸円（目）の中を塗る。
乾いたら目の中にコンパスで直径1cmの円を描く。
円の中を黒く塗る（図6）。

8 ステンシルブラシにトマトスパイスを付け、両頬をトントンと叩き色付ける。
黒目の中に筆の後ろ柄を使い、白目を描く。
ペイント黒でまつげ、鼻、口、ひげを描く（図7）。

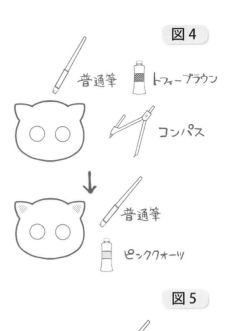

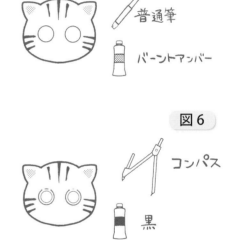

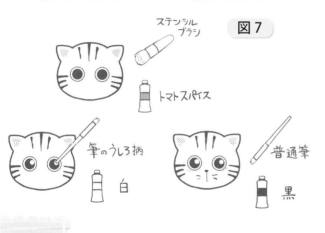

作り方　白猫

9 筆にペイント白を付け、猫の顔の上部、横部を塗る。塗る→乾かすをくり返す。
コンパスで直径1.5cmの円を描く。

10 ステンシルブラシにバーントアンバーを付け、耳、鼻をトントンと叩き色を付ける。
次にトマトスパイスで両頬をトントン叩く（P49の写真参照）。

11 普通筆にピンククォーツを付け、耳を描く。

12 コペンブルーで目の中を塗り、乾いたらコンパスで直径1cmの円を描く。
目の中を黒で塗り、鼻、口、ひげ、まつげを描く。
筆の後ろ柄に白をたっぷり付け、黒目の中に白目を描く。
白猫も要領はトラ猫と一緒です。

13 2 でカットした四角い板の表面をアンティークホワイトで塗る（図8）。

14 乾いたら定規を使い、1cmの枠を描く（図9）。

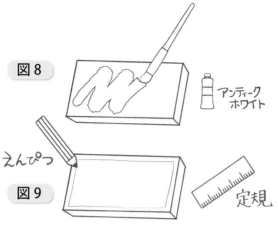

図8 アンティークホワイト

図9 えんぴつ / 定規

図10 マルーン

15 普通筆にマルーンで枠の上部、横を塗る。木目が見えなくなるまで塗る（図10）。

16 乾いたら普通筆に黒を付け KEY と描く。次に筆の後ろ柄に黒をたっぷり付け、文字の端にドットを置く（図11）。
KEY の文字の両端に魚をコペンブルーで描く。細筆で魚の目、エラを白で描き入れる（図11）。

17 猫、文字板が乾いたらそれぞれにニスを塗る。

18 木工用接着剤で板に猫2つを付ける。

19 木工用接着剤が乾いたら電動ドリルで上部に2カ所、下部に3カ所、穴を開ける（図12）。

図11 普通筆 / ドットは筆のうしろ柄で / 黒 / コペンブルー

図12 ドリル / 4cm 真ん中 4cm

20 上部の穴にワイヤーを通し、ニッパーで処理する（図13）。

21 下部の穴にL字フックを取り付ける。

図13

22 ワイヤーに赤チェック布を縛る。

23 赤チェック布の真ん中を赤糸で縛り、リボンを作る。
リボンを白猫の耳元にグルーガンで付ける（図14）。

図14

完成！

親子で使うダブル・ティッシュケース

難易度：★／制作時間：2時間

■材料と用具

柄布A…縦34×横19cm
柄布B…4.5×4.5cm
刺繍糸…茶色
モチーフ…1個
鳥のアクセサリー…1個
リボン（白）…幅1.5×長さ32cm
グルーガン
ポケットティッシュ…普通サイズ、小サイズ各1個
ハサミ、アイロン

作り方

1 Aの布の端を内側に5mm折る。
中心から9cmにはさみを入れる（図1）。

2 図2のように4.5cm折る。

3 内側に折る（図3）。

4 下部を上に1cm折り、さらに1cm折る（図4）。

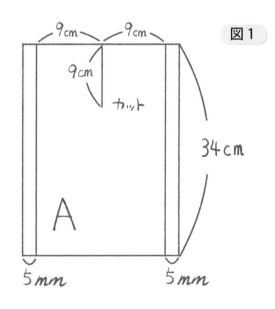

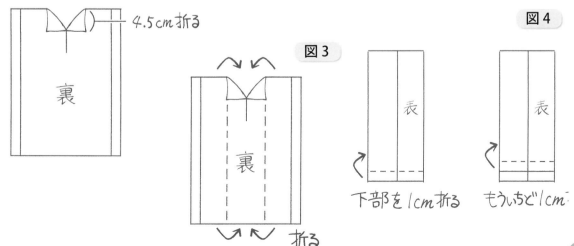

5 ひっくり返して、上部を折り紙を折るように袋状に開いて図5の右の形になるように折る。

図5

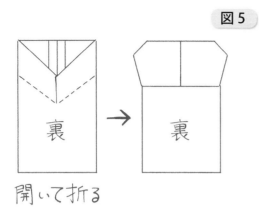

8 ひっくり返して襟角を合わせてみる（図8）。襟はまだ内側に入っている状態。

図8

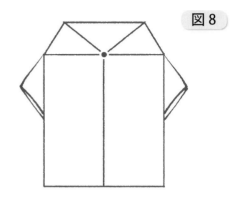

9 内側に入っている襟を出す（図9）。

図9

6 長いほうを2つに折る（図6）。
襟の部分は1cmはみ出す。

図6

ポイント！
布を折るときはアイロンを使うと作りやすい

10 襟元2cmと下から2cmをまつり縫いする（図10）。

図10

7 襟を内側に折る（図7）。

図7

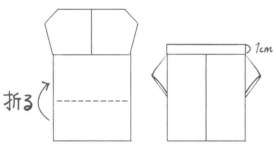

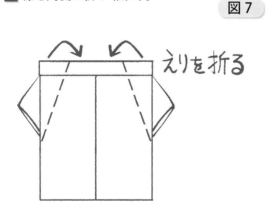

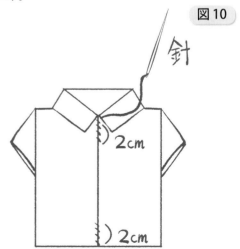

11 ひっくり返し、上、下から2cmまつり縫いをする。袖元もまつり縫いで付ける（図11）。

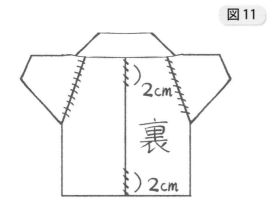

図11

12 シャツの襟をほどき、襟元にリボンを通して結ぶ（図12）。

図12

13 前の襟元を縫う（ここに普通サイズのポケットティッシュが入る。図13）。

図13

14 後ろ襟を縫う（こちらに小さいサイズのポケットティッシュが入る。図14）。

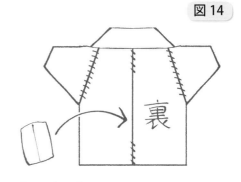

図14

小型ポケットティッシュ

15 Bの布をまわり5mmずつ折り返し、刺繍糸2本取りで並縫いで1周する。グルーガンでモチーフを右端に付ける（図15）。

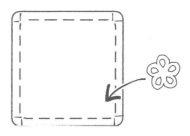

図15

16 グルーガンでポケットをシャツに付ける。鳥のアクセサリーを端に縫い付ける（図16）。

完成！

図16

バードハウスのチャームを襟端に縫い付ける

ホヌのエプロン

> 難易度：★／制作時間：3時間

■材料と用具

デニム布…縦67×横92cm
柄布…縦23×横34cm
レース…幅4.5×長さ31cm
ミシン
ハサミ
マチ針

作り方

1 図1のようにデニム布をカットする。

図1

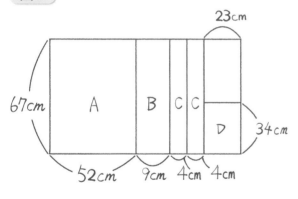

2 首に掛けるひもはデニムBの両端を1cm裏に折り返し、マチ針で留める。
外表に二つ折りし、5mmの縫い代でミシンをかける（図2）。

図2

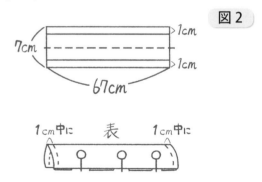

首用のひも

図3

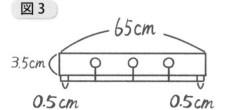

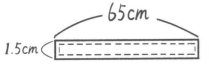

腰用のひも
2本作る

3 腰のひも用Cの布も同様に、1cm裏に折り返し、外表で二つ折りにし、マチ針で留める。
両端も1cm裏に折り返し、マチ針で留める。
図3のようにミシンをかける。
これを2本作る。

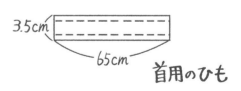

4 Aは図4のように印を付け、カットする。
図5のようにそれぞれ1cm折り込んで、ミシンをかける。

図4
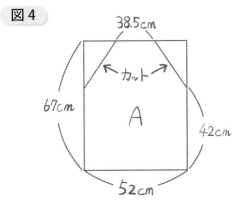

図5
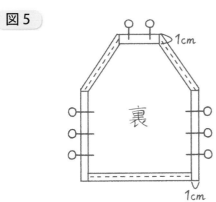

5 ポケットはDと柄布を中表に合わせ、1cmの縫い代でミシンをかける。このとき、片側23cm部分を開けておく。
四隅の角をカットし、開け口からひっくり返す。開け口1cmを中に折り返し、マチ針で留める（図6）。1cmの縫い代でミシンをかける。

図6
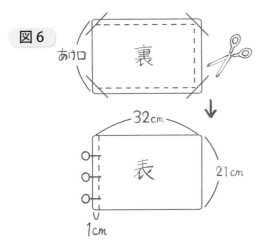

6 Bのひもをエプロン本体にマチ針で留め、ミシンで縫い留める。
Cのひもも両脇にミシンで返し縫いしながら留める（図7）。

図7
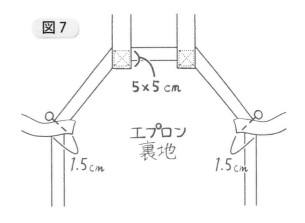

7 ポケットをエプロンの表に付ける。
1cmの縫い代で縫う。真ん中も縫う（図8）。

図8
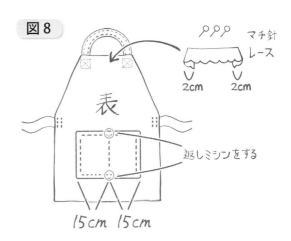

ポイント！
ポケットの仕切り部分、真ん中を縫う際は角を返しミシンをして、ほどけないようにします。

8 レース両端を2cmずつ折り返し、エプロン上部にマチ針で留め、レースの内側をミシンで縫う。

トラブルを追い払う鈴のキーホルダー

難易度：★★／制作時間：1時間（乾燥込み）

■材料と用具

レジン枠台座…ゴールドバード1個
シルバーストラップ　ナスカン付き…1本
ゴールド丸カン…直径3mm1個
ビーズ黒…直径2mm1個
星ラメゴールド…3粒
スワロフスキーピンク…直径5mm
ゴールドLOVEハートチャーム1個
レジン液
ピンセット
竹串
ワックスペーパー…4×4cm
ピンクラメ適宜
ニッパー
UVクリスタルレジン装置
鈴…直径1cm

作り方

1 ワックスペーパーにゴールドバードのレジン枠を置く。

2 枠内に厚さ2mmくらいレジン液を流し、UVクリスタルレジン装置で固める。

3 装置から取り出したらレジン液を薄く敷き、ピンセットを用いてビーズ黒、チャーム、星ラメゴールドを置く（59ページの写真参照）。

4 装置で固め、レジン液を垂らし竹串でならす。ピンクラメを散らし、スワロフスキーピンクを置く。さらに装置で固める。

5 図のように頭にストラップを付ける。足元に穴を開け丸カンを通し、ニッパーで鈴を付ける。

ウサギのガーデンピック

難易度：★★／制作時間：1日（乾燥込み）

■材料と用具

パイン材…厚さ2×縦20×横24.5cm
ラワン合板…厚さ3mm　縦16×横20cm
トールペイント用絵具…黒、アイボリー、アンティークホワイト、バーントアンバー、マルーン、ピンク、グリーンシー
ニス
ニス用筆、ペイント用（細・普通）、ステンシル用筆
赤チェック布…縦4.5×横36cm
紙やすり
木工用接着剤
電動糸のこ
グルーガン

作り方

1 パイン材に図1のように図案を描き、電動糸のこでカットする。

2 ラワン合板に図2のように図案を描き、糸のこでカットする。

3 各パーツに紙やすりをかける。

4 アンティークホワイトを表面、上部、横部分に塗る。乾かす→塗るを木目が見えなくなるまでくり返す。

5 バーントアンバーで下部、横部を塗る。
4 同様、木目が見えなくなるまで塗る（図3）。

図1

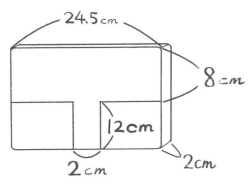

図2

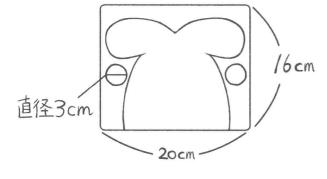

図3

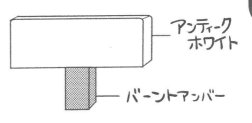

魔除け・厄除け

6 ウサギの顔と手の上部、横部をアイボリーで塗る。

4 同様、木目が見えなくなるまで塗る。
筆の柄に黒のペイントをたっぷり付けて目を描く。
目の下に細筆でまつげを描く（図4）。

図4

7 ステンシル筆にマルーンを付け、ウサギの耳、頬、手の先をペイントする。このとき筆を叩き付けるようにするのがコツ（図5）。

図5

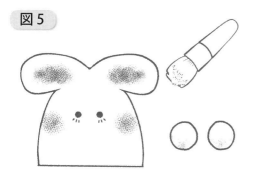

8 細筆にバーントアンバーを付け、木枠の2mmくらいのところに点線を描く。
黒のペイントでGARDENと描く。
筆の柄に黒を付け、英字にドットを付ける（図6）。

図6

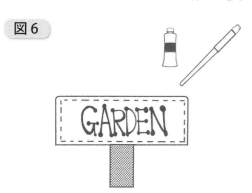

9 筆の柄にピンクペイントをたっぷり付け、チェリーを描く。
細筆にグリーンシーを付け、チェリーの柄と葉を描く（図7）。
RとDの文字の間にピンクでハートを描き入れる。

図7

10 乾いたら、ウサギの顔と手を木枠に木工用接着剤で付ける。
全体にニスを塗る。
赤チェック布をリボン状にし、真ん中を赤糸で縛ってリボンを作り、グルーガンで耳元に付けて完成（図8）。

図8

完成！

クマが見守るペーパーホルダー

難易度：★★／制作時間：1時間半

■材料と用具

ビニール布…縦25×横61.5cm
マジックテープ…縦2.5×横8cm
チェック布…11×11cm
パネル布…10×10cm
ミシン
ビニール用接着剤
ハサミ
マチ針
鉛筆

作り方

1 図1のようにビニールの裏に鉛筆で製図し、カットする（A、B、C）。

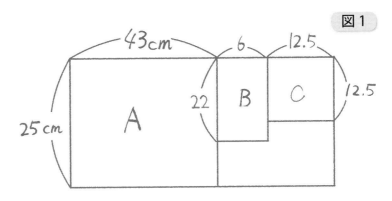

図1

2 Aを二つ折りにし、中表にして、1cmの縫い代で縦横ミシンをかける。端は返し縫いをする（図2）。

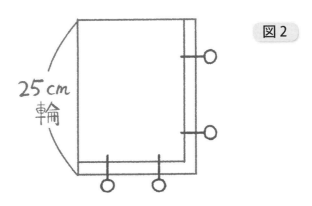

図2

魔除け・厄除け

3 縫い目を中心にして開き、10cmのところに線を引き、底部分を作るために2カ所ミシンをかける（図3）。
両端は返し縫いをし、縫い終えたら5mmのところの三角部分を図4の形になるようカットする。

5 底をつぶし、真ん中から両サイド2cmずつ縫い目部分を糸切りバサミでカットする。
カットしたまわりをミシンで縫う（図5）。

図3

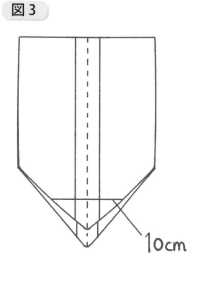

図5

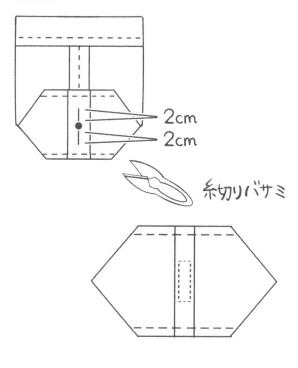

4 上部1cmを折り込み、さらに4cm折り、ミシンで1周縫う（図4）。

図4

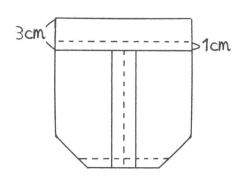

6 B（持ち手）を中表に二つ折りし、1cmの縫い代でミシンをかけ、ひっくり返す（図6）。
両端5mmのところにミシンをかける。
返し縫いをする（図7）。

図6　　　図7

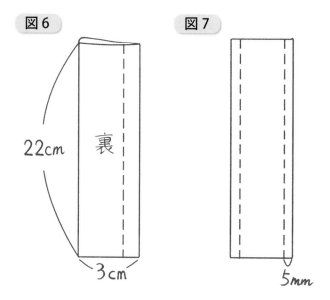

7 持ち手の両端1.5cmずつを折り込み、袋にマチ針で留め、ミシンで縫う（図8）。
返し縫いをしてしっかり取り付ける。

8 マジックテープを図9の位置にミシンで付ける。反対側にも付ける。

図8

図9

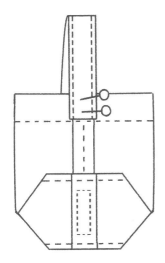

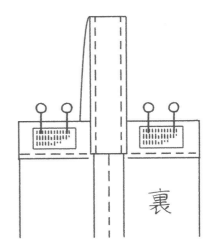

ポイント！
トイレットペーパーは芯を取り出し、中から紙を引っ張り出してカバーに入れます。

9 Cのビニール布の上に、ビニール用接着剤でチェック布、パネル布を貼る（ポケット）。
袋の表にポケットを貼り、完成（図10）。
ポケットの上部は開けておくこと。

図10

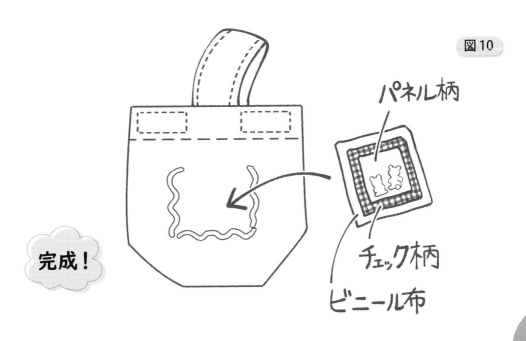

完成！

作品ジャンル　INDEX

木工

幸運の女神を呼び込むウエルカムボード…………　14　　作り方/68

出会いを呼ぶラブラブ・プレート………………　21　　○参考作品

トイレの神様もにっこりプレート………………　28　　○参考作品

仕事がはかどるウッド・カレンダー……………　38　　○参考作品

自信がわくわくヒツジの写真掛け………………　41　　作り方/90

ファンを引き寄せるにゃんこマグネット…………　46　　○参考作品

笑顔がこぼれるキーフック………………………　48　　作り方/94

いい夢だけ見たい！　ドリームタペストリー……　56　　○参考作品

ウサギのガーデンピック…………………………　61　　作り方/103

木工＋布物

月まで届け！　ジャンピング・ラビット …………　8　　○参考作品

ちり取りお掃除セット……………………………　26　　作り方/79

友達がどんどんやってくる腰掛け看板娘…………　45　　○参考作品

布物

マカロンコインケース……………………………　11　　作り方/66

幸せパンパン貝殻ポーチ…………………………　13　　○参考作品

黒猫のパックンポーチ……………………………　19　　作り方/74

秘密のナプキンケース……………………………　22　　○参考作品

心すっきりタオル掛け……………………………　24　　作り方/76

ポカポカ冷え取りマフラー………………………　30　　作り方/82

成功の鍵を握るキーケース………………………　33　　作り方/86

お客さんがどんどんやってくる行列看板…………　36　　○参考作品

おしゃれカフェカーテン…………………………　42　　作り方/92

フレーフレー応援フラッグ………………………　44　　○参考作品

親子で使うダブル・ティッシュケース……………　51　　作り方/97

ホヌのエプロン……………………………………　54　　作り方/100

邪気除けテーブルクロス…………………………　60　　○参考作品

クマが見守るペーパーホルダー…………………　62　　作り方/105

レジン

ゴールドラッシュ・ストラップ……………………	12	○参考作品
スポーツ大好き髪留めアクセサリー………………	29	○参考作品
キラキラ輝く星のストラップ………………………	37	○参考作品
アイドル猫のキーホルダー…………………………	40	作り方/89
家を守る飛翔ツバメストラップ……………………	50	○参考作品
トラブルを追い払う鈴のキーホルダー……………	59	作り方/102

ホイップデコ

甘ーいスイーツデコ・ペン…………………………	20	○参考作品
スイーツデコミラー…………………………………	34	作り方/88

アクセサリー

きらめきハートピアス………………………………	18	作り方/73
悪運退散パワーストーン・ブレスレット…………	58	○参考作品

その他

金運招く壁掛けプレート……………………………	10	作り方/64
心弾むポンポン人形…………………………………	16	作り方/70
バラのステンドグラスで気分一新…………………	32	作り方/84
家族が集まる幸せのドールハウス…………………	52	○参考作品

さゆり工房
SAYURI

1966年生まれ、東京都目黒区出身。
丙午、さそり座。
和服を作る祖母と毎日ミシンを踏む母を持ち、
「手作り」と「動物」に囲まれて成長。
物心がついたときには、手芸を始めていた。
短大卒業後、大手建設機械メーカー、IT企業を経て、
木工製品、布製品の制作活動と制作指導を本格的にスタート。
多くのハンドメイドマーケットに参加し、人気を集める。
自分の手で作り出す喜び、楽しさ、大切さを次世代につなげていくため、
積極的に活動を続けている。

SAYURIの情報を
お知りになりたい方は
こちらのQRコードから♡

企画協力	株式会社天才工場　吉田 浩
協　力	深谷 恵美
編集協力	小野 めぐみ（小瑠璃舎）
本文デザイン	小山 弘子
執筆協力	北村 八惠子
撮　影	藤森 悠二
イラスト	松野 実
装　幀	吉良 久美

親子で作れる
開運どうぶつ小物

2019年7月30日　第1刷発行

著　者	SAYURI
発行者	山中 洋二
発　行	合同フォレスト株式会社
	郵便番号　101-0051
	東京都千代田区神田神保町1-44
	電　話　03（3291）5200　FAX 03（3294）3509
	振　替　00170-4-324578
	ホームページ　http://www.godo-shuppan.co.jp/forest
発　売	合同出版株式会社
	郵便番号　101-0051
	東京都千代田区神田神保町1-44
	電　話　03（3294）3506　FAX 03（3294）3509
印刷・製本	株式会社シナノ

■落丁・乱丁の際はお取り換えいたします。
本書を無断で複写・転訳載することは、法律で認められている場合を除き、著作権及び出版社の権利の侵害になりますので、その場合にはあらかじめ小社宛てに許諾を求めてください。

ISBN 978-4-7726-6139-3　NDC 594　257×182
©Sayuri, 2019

合同フォレストのFacebookページはこちらから。
小社の新着情報がご覧いただけます。